作者简介

吴舒钰，清华大学中国经济思想与实践研究院研究员，曾任北京师范大学新兴市场研究院博士后、讲师，本科及博士毕业于清华大学经济管理学院。研究方向为国际经济学、国际金融、政府与市场经济学。

聂晶，就职于中国证券登记结算有限责任公司。获北京师范大学金融学硕士、中南财经政法大学金融学学士。研究方向为一带一路金融合作、证券市场交易、登记结算业务规则与系统架构等。

潘庆中，清华大学教授，清华大学苏世民书院常务副院长。获清华大学工学学士，工学硕士，经济学博士和斯坦福大学理学硕士学位。研究方向为公司治理、企业发展、中国经济史、一带一路等。主讲的中英文课程包括管理经济学、公司治理、管理学概论、中外企业史等。

高质量共建"一带一路"丛书 | 王守军 胡必亮 主编

"一带一路"金融合作

吴舒钰 聂 晶 潘庆中 著

BELT
AND
ROAD

北京师范大学出版集团
BEIJING NORMAL UNIVERSITY PUBLISHING GROUP
北京师范大学出版社

总　序

2008 年，金融危机在美国全面爆发并迅速通过股市、债市、汇市、贸易、投资等渠道快速扩散到了与美国经济金融关系紧密的欧洲，因此欧洲很快也陷入了严重的债务危机之中。同时，金融危机也蔓延到了整个世界，新兴市场国家和发展中国家也深受其害。为减轻不利影响，世界各国都采取了积极应对之策以稳定金融秩序、刺激经济增长。美联储在一年左右时间连续降息 10 次后使联邦基金利率为零，奥巴马总统上台不到一月就签署了总额为 7870 亿美元的经济刺激计划；我国的反应更快，在美国金融危机尚未全面爆发之时，国务院已于 2008 年 11 月出台了十项措施，投资 4 万亿人民币刺激经济增长；欧盟建立了一个总额为 7500 亿欧元的救助机制以遏制债务危机的进一步扩散并捍卫欧元。总之，世界各国、各区域都采取了积极救市政策，试图缓解和控制金融危机的扩散。

尽管如此，2008 年的全球金融危机还是给全世界的金融、经济、政治等各方面都带来了很多负面影响，而且这些影响是长期的、深刻的。以欧洲为例，直到 2012 年，欧洲债务危机仍然十分严重，欧洲经济疲软、失业率居高不下。其他地区和国家的具体情况可能有所不同，但总体而言 2008 年的全球金融危机发生多年后，世界金融市场并不稳定，经济增长仍然乏力，失业率依然较高，有些国家还出现了政治动荡，全球治理更加失序。

在这样的历史背景下，联合国和其他国际组织以及很多国家都提出了一些帮助世界稳定金融秩序、促进经济增长、完善全球治理的倡议和方案。也正是在这样的国际大背景下，结合中国进入新时代后构建全面对外开放新格局的需要，习近平总书记利用他 2013 年秋对哈萨克斯坦和印度尼西亚进行国事访问的机会，先后提出了共建丝绸之路经济带和 21 世纪海上丝绸之路的重大倡议，合称"一带一路"倡议。

习近平总书记提出共建"一带一路"倡议的基本思路，就是用创新的合作模式，通过共同建设丝绸之路经济带和 21 世纪海上丝绸之路，加强欧亚国家之间以及中国与东盟国家之间乃至世界各国之间的政策沟通、设施联通、贸易畅通、资金融通、民心相通，从而使世界各国之间的经济联系更加紧密、相互合作更加深入、发展空间更加广阔。从经济方面来看，通过共建"一带一路"，加强世界各国的互联互通，更好地发挥各国比较优势，降低成本，促进全球经济复苏；从总体上讲，参与共建各方坚持丝路精神，共同把"一带一路"建成和平之路、繁荣之路、开放之路、创新之路、文明之路，把"一带一路"建成互利共赢、共同发展的全球公共产品和推动构建人类命运共同体的实践平台。

在共建"一带一路"倡议提出五年多时间并得到世界绝大多数国家和国际组织认可、支持并积极参与共建的良好形势下，习近平总书记在2019年4月举行的第二届"一带一路"国际合作高峰论坛上又进一步提出了高质量共建"一带一路"的系统思想，包括秉承共商共建共享原则，坚持开放、绿色、廉洁理念，努力实现高标准、惠民生、可持续目标等十分丰富的内容，得到了参会38国元首、政府首脑和联合国秘书长、国际货币基金组织总裁以及广大嘉宾的高度认可。这标志着共建"一带一路"开启了高质量发展新征程，主要目的就是要保障共建"一带一路"走深走实，行稳致远，实现可持续发展。

面对2020年出现的新冠肺炎疫情全球大流行的新情况，习近平总书记提出要充分发挥共建"一带一路"国际合作平台的积极作用，把"一带一路"打造成团结应对挑战的合作之路、维护人民健康安全的健康之路、促进经济社会恢复的复苏之路、释放发展潜力的增长之路；2021年4月，习近平总书记又提议把"一带一路"建成"减贫之路"，为实现人类的共同繁荣作出积极贡献。

随着共建"一带一路"的国际环境日趋复杂、气候变化等国际性问题更加凸显，习近平总书记从疫情下世界百年未有之大变局加速演变的现实出发，在2021年11月举行的第三次"一带一路"建设座谈会上，就继续推进共建"一带一路"高质量发展问题提出了有针对性的新思想。重点是两个方面的内容：一方面，坚持"五个统筹"，即统筹发展和安全、统筹国内和国际、统筹合作和斗争、统筹存量和增量、统筹整体和重点，全面强化风险防控，提高共建效益；另一方面，稳步拓展"一带一路"国际合作新领域，特别是要积极开展与共建国家在抗疫与健康、绿色低碳发展与生态环境和气候治理、数字经济特别是"数字电商"、科技创新等新领域的合作，培养"一带一路"国际合作新增长点，继续坚定不移地推动共建"一带一路"高质量发展。

在我国成功开启全面建设社会主义现代化国家新征程、向第二个百年奋斗目标进军的关键历史时刻，习近平总书记在中国共产党第二十次全国代表大会上又一次明确指出，推动共建"一带一路"高质量发展。

为了全面、准确理解习近平总书记关于高质量共建"一带一路"的系统思想，完整、系统总结近十年来"一带一路"建设经验，研究、展望高质量共建"一带一路"发展前景，北京师范大学一带一路学院组织撰写了这套《高质量共建"一带一路"丛书》，对"一带一路"基础设施建设、"一带一路"与工业化、"一带一路"贸易发展、"一带一路"金融合作、绿色"一带一路"、数字"一带一路"、"一带一路"与新发展格局、"一带一路"与人类命运共同体、"一带一路"投资风险防范等问题进行深入的专题调查研究，形成了目前呈现在读者面前的这套丛书，希望为广大读者深入理解高质量共建"一带一路"从思想到行动的主要内容和实践探索提供参考，同时更期待大家的批评指正，帮助我们今后在高质量共建"一带一路"方面取得更好的研究成果。

2021 年中国共产党隆重地庆祝百年华诞，2022 年党的二十大的召开，对推进我国社会主义现代化强国建设都具有十分重要的战略意义；今年也是北京师范大学成立一百二十周年。因此，我们出版这套丛书，对高质量共建"一带一路"这样一个重大问题进行深入探讨，很显然也具有重要且独特的历史意义。北京师范大学出版集团党委书记吕建生先生、副总编辑饶涛先生、策划编辑祁传华先生及其团队成员都非常积极地支持这套丛书的出版，并为此而付出了大量时间，倾注了大量心血，对此我们表示衷心感谢！我们的共同目标就是希望用我们的绵薄之力，为推动共建"一带一路"高质量发展、为实现中华民族伟大复兴以及为推动构建人类命运共同体而作出应有的贡献。

王守军　胡必亮

2022 年 10 月 26 日

目　录

第一章 | "一带一路"金融合作的 历史机遇

一、"一带一路"金融合作的基本情况

在 2015 年 3 月国家发展改革委、外交部、商务部联合发布的《推动共建丝绸之路经济带和 21 世纪海上丝绸之路的愿景与行动》中,"资金融通"作为"五通"之一,成为"一带一路"倡议的重要组成部分。通过开发性金融、商业银行网络化布局、金融基础设施互联互通等方式,金融资本能够在"一带一路"沿线国家之间更合理有效地布局,跨境的贸

易和投资能获得更好的金融服务，区域的系统性金融风险也能得到有效抑制。近年来，中国与沿线国家的经济合作趋于频繁，这不仅体现在不断增长的贸易往来和投资合作上，也体现在日益密切的投融资合作上。通过金融合作，"一带一路"沿线国家能从中国获得丰富的信贷融资，助推经济增长，中国也能分享周边国家的发展红利，获得稳定高额的投资回报。

当前，中国与"一带一路"沿线国家的金融合作主要包括三个方面——政府层面的合作、金融机构间的合作和金融企业间的合作。近年来，随着"一带一路"建设的推进，这三个层面的合作都取得了积极的进展。

（一）政府间金融合作

近年来，我国主导或参与了多项旨在维护区域金融稳定的多边合作。比如，中国人民银行（以下简称"央行"）参与共建东盟与中日韩宏观经济研究办公室，该组织吸纳了包括东盟10国在内的"一带一路"沿线国家参与，其主要职责在于通过扩大货币互换的规模和强化地区宏观经济风险监控等方式提升地区金融稳定性，形成国际货币基金组织（IMF）金融合作框架在东南亚地区的良好补充。在务实推进金融监管合作方面，截至2020年年末，我国银保监会已与37个"一带一路"沿线国家和地区签署122份监管合作谅解备忘录或监管合作协议。不同国家金融监管机构的合作清除了"一带一路"跨境投融资的机制障碍，确保了跨境投资在制度上的规范化和统一性，也同时填补了跨境投资的制度漏洞，增加了金融监管的有效性，降低了区域金融风险。

此外，我国还与多个"一带一路"沿线国家签订货币互换协议。截至 2019 年年末，我国已经与 22 个沿线国家签署了本币互换协议，互换总规模达 1.45 万亿元人民币，占我国与所有国家和地区签署的人民币互换规模总额的 41.8%。货币互换使得我国在与"一带一路"沿线国家进行经贸合作时的跨境人民币结算更加便利。与中国存在密切贸易和投融资往来的国家使用人民币进行贸易结算，可以避免财务报表的货币错配，降低汇兑成本和外汇风险。国际资金清算系统（SWIFT）的数据显示，当前人民币在国际支付体系中位列美元、欧元、英镑、日元之后，是全球第五大支付货币。货币互换规模的扩大，不仅对中国，而且对其他沿线国家都大有裨益。与"一带一路"沿线国家进行货币互换使得中国与沿线国家的外汇储备更加多元化，增加了这些国家抵御宏观金融风险的能力。

除了政府间的直接合作，我国央行还积极开展第三方合作，从而动员全球力量，拓展投融资渠道，参与发展中国家的经济建设。这类合作包括两个层面，第一个层面是充分利用发达国家的制度、资金、技术等多方面优势，吸引发达国家金融机构参与"一带一路"建设融资，从而满足沿线国家的项目融资需求。比如，2019年，央行与欧洲复兴开发银行签署谅解备忘录，提出将进行优势互补，共同促进在中东欧和中亚地区的项目合作。这样的第三方合作致力于在交通、能源、农业等多个关系国计民生的关键领域开展投资，其覆盖范围包括东欧、中西亚、非洲等大多数"一带一路"沿线国家所在地区。第三方资金和技术的引入为"一带一路"建设注入新动力。

第二个层面是央行与主要发达国家和国际机构进行智力合作，积极引入先进技术、标准和规范，为高质量共建"一带一路"提供智力支持。事实上，央行一直积极学习和引进国际上成熟的管理规范，并将其与中国国情相结合，进行有效的宏观管理。比如，自从2009年加入巴塞尔委员会后，央行就一直积极参与国际规则的制定，并依据国际规则对国内银行监管进行修正，从而对接国外高标准，提升监管方式的科学性，维护国内金融机构的稳定，推动银行业的高质量发展。在"一带一路"金融合作过程中，央行同样与国际货币基金组织、世界银行、欧洲复兴开发银行等成熟的国际组织开展务实合作，共建联合能力建设中心或合作研究项目，通过高层对话、技术磋商等方式，加强信息共享和人员交流，提升"一带一路"投融资项目管理的科学性。

(二)金融机构间合作

机构间的合作是"一带一路"金融合作最主要的组成部分。我国的政策性银行、商业银行和投资公司积极"走出去",为"一带一路"高质量合作提供了有力的资金支持。其中,政策性银行一直是"一带一路"走出去的排头兵。截至2020年9月,国家开发银行(以下简称"国开行")在"一带一路"沿线国家参与共建了700多个项目,这些项目覆盖了100多个沿线国家。2017年,在"一带一路"国际合作高峰论坛后,国开行成立了人民币专项贷款,并提供2 500亿元等值人民币专门用于支持"一带一路"建设。该专项贷款额度不断提高,2020年国开行已累计完成"一带一路"专项贷款合同签约4 312亿元等值人民币,并发放3 105亿元等值人民币贷款。这些专项贷款被投入基础设施、国际产能合作等领域。比如,在印尼雅万高铁建设项目中,国开行资金发挥了重要作用,这个项目也是我国高铁全产业链走出去的第一单。此外,在哈萨克斯坦齐姆肯特炼油厂升级改造项目、印尼青山工业园、斯里兰卡科伦坡南港码头等项目中,国开行的资金也发挥了重要的作用。国开行的资金还被用于民心相通领域,比如,国开行设立了奖学金项目,用来资助"一带一路"欠发达国家的学生来华学习。新冠肺炎疫情暴发以来,国开行为受疫情影响严重的"一带一路"项目追加了开发性金融支持，2020 年共投入专项贷款 300 多亿美元，这为帮助沿线国家复工复产、稳定全球产业链发挥了重要的作用。

2013 年"一带一路"倡议提出以来，中国银行、中国工商银行等大型商业银行纷纷在"一带一路"沿线国家成立分支机构和清算行，并通过银团贷款、对外承包工程贷款等方式进行大量信贷投放。截至 2020 年年底，中资银行已在 29 个"一带一路"沿线国家设立 80 个一级分支机构，同时有 23 个"一带一路"国家的 48 家银行在华设立了分支机构，银行机构走出去有助于境外人民币业务的开展，为"一带一路"合作奠定金融基础。除了金融基础设施互联互通，中资银行还积极为"一带一路"建设项目提供资金支持。比如，中国工商银行与欧洲复兴开发银行合作，共同为中东、北非、中亚国家的电力、天然气等重点项目联合融资。中国银行也积极在"一带一路"沿线国家进行业务的深耕。截至 2018 年年末，中国银行已经在 24 个"一带一路"沿线国家进行机构布局，并设立了约 500 家代理机构。项目方面，中国银行已经累计跟进超过 600 个"一带一路"重点项目，对"一带一路"沿线国家授信投放 1 300 多亿美元。中国银行还多次发行"一带一路"主题债券，规模超过百亿美元，涉及包括人民币、美元、欧元在内的 7 种发行货币，并在匈牙利、菲律宾等国家发行多支"熊猫债"。[①] 中投公司、中信集团等大型金融机

---

① 数据来源为中国银行网站。

构也纷纷展开与"一带一路"国家的金融合作。比如,中信集团与韩国、泰国的金融机构开展联合融资,共同投资泰国东部的经济走廊项目;中投公司也通过与法国国家投资银行的第三方合作,共同为毛里求斯的太阳能、风能、垃圾焚烧等清洁能源项目提供建设资金。

(三)共建多边金融机构

新的多边金融机构的创立为"一带一路"金融合作增添了新的力量。亚洲基础设施投资银行(以下简称"亚投行")、新开发银行(以下简称"新开行")等多边机构有助于凝聚多方力量,共同支持"一带一路"建设。

截至2020年年底,亚投行已经吸引了来自亚洲、欧洲、拉丁美洲、非洲的103个国家和地区参与,覆盖了大多数新兴市场国家和一些主要发达国家。自2016年筹建以来,亚投行参投108个项目,累计投资金额达到220亿美元。亚投行最为关切的投资主题是基础设施建设,而这些投资资金也大多流向南亚、东南亚、西亚、中亚等基础设施相对欠缺的"一带一路"国家和地区。自新冠肺炎疫情暴发以来,亚投行还推出了130亿美元的危机恢复基金,并在该框架下批准了70多亿美元的贷款,这对帮助深陷疫情泥潭的国家纾困、协调应对全球重大危机起到了重要的作用。展望未来,亚投行还将为推动绿色金融发展,建设绿色基础设施，应对气候变暖等关键难题提供有效的多边解决方案。①

新开行由金砖五国(中国、巴西、俄罗斯、南非和印度)共同发起，2015 年正式运营，初始认缴资本 500 亿美元，在五个国家之间平均分配。金砖五国跨越四大洲，是全球新兴市场和发展中国家的主要代表。在正式运营近 6 年的时间内，新开行一直致力于为成员国基础设施建设和经济的可持续发展筹集资金，2021 年年初，已经共计批准了 75 个项目，贷款总额达到 289 亿美元，并且还在不断扩大。疫情暴发以来，新开行还推出了总计 100 亿美元的紧急援助项目，致力于巩固成员国的医疗卫生体系，帮助受疫情冲击较为严重的企业纾困，并夯实社会保障网络。以金砖五国为基础，新开行在不断探索扩员的可能，从而开拓更多资源，使这一多边机构惠及更多发展中国家，推动基础设施互联互通，激发发展中国家的增长潜力。这些多边机构不仅有效地推动了"一带一路"建设，而且成为当前全球治理体系在发展中国家的良好补充。

除了推动成立多边机构、积极为发展中国家发声，我国还与其他国家合作，共同设立一系列专注为发展中国家的基础设施建设和产能合作提供金融支持的基金，如丝路基金、中哈产

---

① 《创设五年，亚投行的这份成绩单令人瞩目》，http://www.xinhuanet.com/fortune/2021-01/15/c_1126988301.htm，访问日期：2022-06-10。

能合作基金、中国—东盟投资合作基金、中俄地区合作发展投资基金等。以丝路基金为例，该基金于 2014 年成立，由外汇储备、中投公司、国开行、进出口行共同出资，旨在以股权投资为主，在"一带一路"框架下进行基础设施建设、产能合作、资源开发等领域的投资。丝路基金的规模为 400 亿美元和 1 000 亿元人民币，截至 2020 年年底，基金已经在主要"一带一路"沿线国家签约 47 个投资项目，承诺投资金额 178 亿美元，其中 70％为股权投资。这些项目大多集中在交通运输、高端制造、电力开发等关乎生产能力建设和国计民生的重要领域，如与沙特合作开发阿联酋迪拜光热电站项目、与亚投行合作完成阿曼电信项目等。多边金融机构和基金的成立不仅有助于汇聚多方力量，为"一带一路"合作筹措资金，而且可以在国际平台更好地向世界宣传和推广"一带一路"倡议的价值理念，促进发展中国家之间的协同合作。

二、"一带一路"金融合作现状的评估

经过多年的摸索与实践，中国与"一带一路"沿线国家的政府之间已经建立起紧密的经济和金融合作网络，中资金融机构陆续走出去，在"一带一路"沿线国家建立新的分支机构，并致

力于为基础设施建设、产能合作等项目提供资金支持。一些新的多边机构和基金项目也陆续成立，为开发性金融项目融资，同时也成为当前全球治理体系在"一带一路"沿线地区的良好补充。尽管如此，中国与"一带一路"沿线国家的金融合作仍是不平衡、不充分的，这体现在以下三个方面。

（一）金融合作仍滞后于基础设施建设、产能合作等其他领域的合作

我国与"一带一路"沿线国家的合作通常是实体投资项目先行，金融合作往往滞后于项目合作。如图 1-1 和图 1-2 所示，2019 年，我国对"一带一路"沿线国家的直接投资占总对外直接投资的比重已经达到 14％，随着近年来"一带一路"建设的深化，这一比率仍呈现上升态势。然而，对"一带一路"沿线国家的证券投资（包括股本证券和债务证券投资）占我国总对外证券投资的比重却仅为 3.2％，落后的金融基础设施增加了我国参与"一带一路"沿线合作的壁垒，使得中国投资者在金融领域"走出去"困难重重。

除此之外，中国与"一带一路"沿线国家的金融合作集中在一些经济发展水平相对较高的国家和地区，存在显著的不平衡性。如图 1-3 至图 1-4 所示，东南亚地区一直是中国对外金融合

图 1-1 中国对"一带一路"沿线国家的直接投资占

中国总对外直接投资的比重①

数据来源：Wind 数据库。

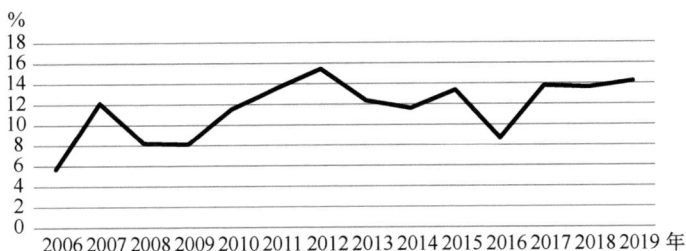

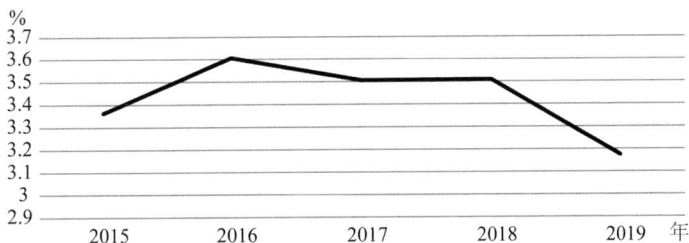

图 1-2 中国对"一带一路"沿线国家证券投资占中国总对外证券投资的比重

数据来源：Wind 数据库。

---

① 为方便对比分析，本书在对"一带一路"沿线国家的基本经济事实进行描述性统计时，选取的是最早与中国签署合作备忘录的 64 个国家，即新加坡、印度尼西亚、泰国、菲律宾、马来西亚、越南、柬埔寨、东帝汶、老挝、缅甸、文莱、俄罗斯、蒙古、印度、斯里兰卡、巴基斯坦、孟加拉国、马尔代夫、尼泊尔、阿富汗、不丹、阿联酋、卡塔尔、土耳其、以色列、埃及、沙特阿拉伯、巴林、阿曼、伊拉克、阿塞拜疆、科威特、黎巴嫩、约旦、亚美尼亚、格鲁吉亚、巴勒斯坦、叙利亚、也门、伊朗、匈牙利、波兰、乌克兰、罗马尼亚、捷克、克罗地亚、斯洛文尼亚、立陶宛、塞尔维亚、保加利亚、白俄罗斯、斯洛伐克、拉脱维亚、阿尔巴尼亚、爱沙尼亚、波黑、黑山、摩尔多瓦、马其顿、哈萨克斯坦、乌兹别克斯坦、塔吉克斯坦、吉尔吉斯斯坦、土库曼斯坦。

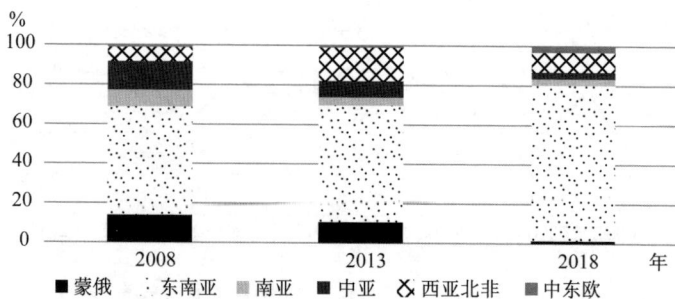

图 1-3 中国对各地区直接投资占对"一带一路"沿线国家总直接投资的比重

数据来源：Wind 数据库。

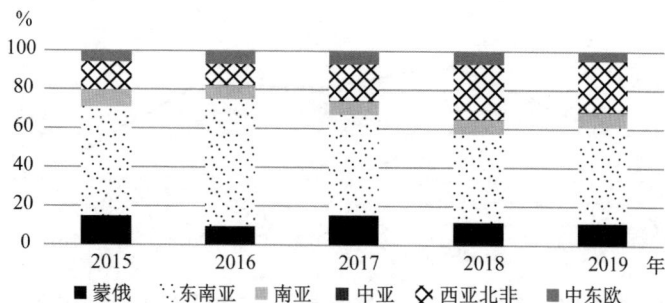

图 1-4 中国对各地区证券投资占对"一带一路"沿线国家总证券投资的比重

数据来源：Wind 数据库。

作的主要目的地，2018 年中国对东南亚的直接投资占对"一带一路"投资总额的 79%；2019 年中国对东南亚国家的证券投资占比也接近 50%，而对中东欧和南亚地区的证券投资占比都不超过 10%。

(二)政府层面合作的广度和深度都有待深化

现阶段,中国与"一带一路"沿线国家在政府层面的合作主要包括央行之间的货币互换及区域内金融稳定框架的构建,但这两个方面合作的广度和深度都不够。

在央行间的货币互换方面,截至 2019 年年末,中国已与 22 个沿线国家和地区签署货币互换协议。这些国家大多位于与中国存在密切经贸往来的亚洲地区,如印度尼西亚、泰国、俄罗斯等,但很多其他地区的"一带一路"沿线国家或共建国家尚未与中国开展货币互换合作业务。事实上,很多发展中国家对人民币存在迫切的需求,这些国家希望采用人民币进行大宗产品交易结算,以降低货币汇兑损失,并消除美元结算带来的其他负面影响。中国可以用更为积极的姿态应对其他发展中国家的相关诉求,在严格进行风险评估的基础上,与更多的"一带一路"国家及其他新兴市场国家开展更为广泛而深入的货币合作。

在金融稳定框架方面,中国正积极推动国际货币基金组织等成熟国际机构的改革,从而为发展中国家争取更多的话语权。除此之外,中国也积极构建新的合作网络,形成已有国际金融体系的良好补充,从而帮助发展中国家实现抱团取暖,共同对抗地区金融风险,其中《清迈协议》就是一个务实的尝试。然而,已有的区域合作协议覆盖国家少、额度低，很难为经历短期金融危机的国家提供充足的资金支持。金融危机的传染往往是跨区域的，现有的区域金融稳定框架还远远不能应对"一带一路"沿线发展中国家的需求，中国与"一带一路"沿线国家和其他发展中国家之间的合作有待做实做深。

(三)资本市场建设潜力巨大

当前，中国为"一带一路"建设提供的资金支持主要通过间接融资渠道，由政策性银行和中资商业银行为"一带一路"基建项目提供开发性贷款，而资本市场作为直接融资平台的作用尚未完全开发。事实上，中国的资本市场可以很好地助力"一带一路"建设，后者也将成为中国资本市场发展的重要机遇。

我国的资本市场建设，尤其是股票和债券市场建设潜力巨大。大力发展股票和债券市场可以帮助"一带一路"沿线国家更好地在中国市场进行融资，也有助于中国企业利用资本市场平台为"一带一路"建设项目进行多渠道融资。资本市场建设还可以增加我国金融体系的广度和深度，提升其国际化程度。近年来，我国的金融交易平台和监管机构都在加强与"一带一路"沿线国家的合作，加大对"一带一路"建设的金融支持力度。比如，2016年由中国金融期货交易所、上海证券交易所、深圳证券交易所主导的中国财团收购了巴基斯坦证券交易所40%的股权；

深圳证券交易所还打造了创新创业投融资服务平台（V-Next），为国内投资方在"一带一路"沿线国家落地生根创造便利、搭建桥梁。这些努力都有助于推进"一带一路"金融基础设施建设，推动沿线国家金融市场的互联互通。

积极开发互联互通的大宗商品交易平台对中国和"一带一路"沿线国家也大有裨益。"一带一路"沿线国家资源种类多样，俄罗斯、阿联酋等国家有着丰富的石油资源，哈萨克斯坦、乌兹别克斯坦等西亚国家的矿产资源种类多、储量大。通过加强与沿线国家的合作，中国的商品现货市场将持续扩大，跨境投资者的参与度也将大大提升。此外，尽管"一带一路"沿线国家拥有丰富的资源储量，但各国的商品期货交易市场很不成熟。通过商品交易平台的建设，创造互联互通的市场条件，积极研发与沿线国家大宗商品特点相匹配的期货品种，不仅有助于扩大我国大宗商品市场的国际影响力，也有助于沿线国家更好地融入国际市场，增强其经济实力。

第二章 ｜ "一带一路"金融合作的
基本理论

丝绸之路经济带和 21 世纪海上丝绸之路
是古老商道的现代传承，"一带一路"赋予了
这两条历史最为悠久、跨度最长、覆盖范围
最广的经济走廊以新的时代特征和内涵。以
"一带一路"为支点，不同地域、肤色、种族
的人们得以互通有无、互学互鉴，沿线各国
也可优势互补，在开放包容、互利共赢的基
础上进行和平合作，共同推动经济社会的发
展和文化的繁荣。在共建"一带一路"的过程
中，如何充分利用各国比较优势，追求经济
可持续发展和共同进步，已成为区域经济
一体化研究的重点和热点。深化金融合作是

共建"一带一路"的重要组成部分，沿线各国在金融领域的合作基础、合作机制、合作前景成为近年来学术圈重要的研究方向。

一、国际金融合作理论

金融合作是指各国之间或国家与国际组织之间在金融领域进行的合作。金融合作旨在从防范金融体系风险、预防金融犯罪及培育金融市场等方面，切实增进各国在经济、贸易及投资等方面的往来，维护多边共同利益。

按照合作国家地理位置及影响力的不同，金融合作可分为国际金融合作和区域金融合作，也可分为狭义的金融合作和广义的金融合作。狭义的金融合作是指货币合作，即为了维持货币与金融稳定，各国货币当局进行的汇率协调和联动机制、汇率目标区、统一货币等一系列制度性安排。广义的金融合作范围扩大到整个货币金融领域，包括货币金融发展运行、双边或多边金融市场合作、金融危机管理和各成员国间金融政策上的互助等形式。广义的金融合作可划分为三个层次。第一个层次是初级阶段，表现为双边特性、松散性、单一功能，合作方式是较简单的信息交流、沟通、磋商。确立货币互换协定是该阶段的最高形态。第二个层次是汇率协调与联动机制的建立，通常采取达成汇率目标区的方式，干预的界限和责任较清晰，并有基金保障市场干预的进行。第三个层次是统一货币，成员国政策协调的程度很高，合作区域内只存在一种货币，货币政策和财政政策高度统一。

国际金融合作理论的发展大致分为四个阶段，第一阶段是第二次世界大战以前，该阶段国际金融合作分散，没有国际性的金融机构监督与协调合作进程。第二阶段是第二次世界大战后至 1973 年，此阶段的国际金融合作是在布雷顿森林体系框架下的国际货币合作，美元逐步成长为全球最重要的国际货币，在此期间也形成了不少重要的国际金融合作理论，包括蒙代尔所提出的最优货币区理论，该理论成为 20 世纪 90 年代欧元区形成的重要理论基础。第三阶段是 1973 年至 20 世纪 80 年代末，随着布雷顿森林体系的破产，全球由固定汇率转为浮动汇率体系，国际货币体系中多种货币并存。各国央行之间实行协调的汇率制度，通过召开国际经济会议来调整合作战略、方向和目标。第四阶段是 20 世纪 90 年代以后至今，欧盟的成立及其成功经验加快了国际金融合作的步伐，国际货币体系变迁为更为复杂的牙买加体系，各国之间开展包括贸易投资、货币金融在内的全方位经济合作。

(一)国家政策的外部性

有关政策外部性的文献，多集中于分析合作区域内国家资本市场和货币政策的溢出和溢入效应，这种外溢效应往往给宏观经济带来不确定性和负面冲击。为降低国家间资本市场和货币体系的溢出效应，必须增加区域内国家间的政策合作。戈什(1986)提出了通过加强区域货币合作，把市场和汇率的不确定性降到最低的观点。他认为，浮动汇率加剧了各国汇率的波动性，这在一定程度上削弱了各国货币政策效能。桑罕和莱因哈特(1995)通过测算利差率与资本市场溢出效应关系，发现1992 年的 1.7％利率差和 1995 年的 0.7％利率差会导致相似的资本市场溢出效应。基于此发现，他们提出各国应从银行监管、信息披露和会计准则等方面进一步加强国际金融合作，从而使政策溢出效应降低。理查德·库(1986)提出，在开放的经济环境下，一国在制定经济政策时如果不事先考虑该国政策的外溢效应并加强货币合作，那么该国政策的有效性将会被削弱。弗兰克尔(1988)认为，区域内各国的政策行为将影响其他国家的福利，加强区域内国家的货币合作将有效降低整体福利的损失，可以通过建立统一货币区来加强国际金融合作。

(二)国际货币政策协调理论

国际货币政策协调是宏观经济政策协调的重要组成部分，也是各国政府之间开展国际金融合作的重要表现形式。国际货币政策协调是指经济相互依赖的国家之间为减轻货币政策的负面溢出效应，以最大化总体福利为目标，在货币供应、政策利率和汇率等多个货币政策领域的合作。在国际货币政策协调领域，有多个经典的宏观经济学模型，其中比较有代表性的包括蒙代尔、弗莱明所提出的开放宏观环境下的总供给需求模型。该模型系统性地阐述了在资本完全流动的情形下，一个国家的财政和货币政策对于本国和他国宏观经济的影响。多恩布什在经典模型的基础上建立了汇率超调模型。他认为，在外生冲击下，货币市场和商品市场的调整速度存在显著差异，在这样的基本判断下，短期内购买力平价法则不成立，只有当经济沿着货币市场均衡曲线缓慢调整到长期均衡时，购买力平价才最终成立。多恩布什模型成为国际货币政策协调理论的模型基础。滨田宏一（1976、1985）将博弈论和多恩布什模型相结合，分析了协调的货币政策对两国经济福利的影响。他对比了协调货币政策情形与两种常见的非合作情形，即纳什均衡和斯坦克伯格领导均衡情形，模型结果显示，与没有国际货币政策协调的情形相比，协调的货币政策可以显著地提升合作双方的总体福利。

以上的分析是基于简单的蒙代尔-弗莱明开放宏观分析框架，仅考虑了合作国家的宏观总供给和需求，并没有考虑到私营部门或非合作第三国对政策协调产生的反馈。在考虑到这些可能的反馈后，货币政策协调可能未必产生预期效果。罗戈夫（1985）认为，在国际货币政策协调的情况下，各国政府更易产生通货膨胀动机，劳动者在预期到更高的通胀水平情况下，就会要求更高的工资，这会提高各国通胀水平但却不能提振总体产出。乌提兹和萨克斯（1984）认为两国的政策合作会引发第三国的连锁反应，而第三国的反馈会使得国际货币政策协调甚至可能产生负面的效果。

20世纪90年代以来，开放宏观经济学模型中引入了微观基础，这也为国际货币政策协调效应相关的研究提供了更可靠的分析工具。奥伯斯菲尔德和罗戈夫（1995）提出了Redux模型，建立了黏性价格分析框架，从典型消费者和厂商的福利和效用最大化的角度建立均衡模型，研究价格因素和货币、财政政策变动对宏观经济的影响及其影响机制。应用该模型，大量学者研究了国际货币政策的协调效应，比如将工资黏性和价格弹性引入传统Redux模型后，发现货币政策合作并无益处。即便各国经济周期相似、外贸合作往来密切，模型的纳什均衡解和合作均衡解也非常相近，这说明货币政策协调的收益几乎可忽略。德弗罗和昂热尔（2003）得出了相似的结论，他们发现即便考虑到不同的定价方式，两国模型的纳什均衡和合作均衡总能产生完全一致的结果，也就是说不存在国际货币政策协调效应。科雷斯蒂和佩森蒂（2001）考虑到汇率不完全传导的问题，得出了与前两篇研究不同的结论，他们认为货币政策协调能否产生收益取决于汇率的传导程度。如果汇率不完全传导，则各国应采取协调的货币政策，这会帮助企业规避汇率波动风险，从而提升经济福利。

(三)最优货币区理论

自 20 世纪 60 年代开始，货币一体化就成为国际金融研究的热点领域，伴随着欧盟货币一体化的进程，最优货币区理论应运而生。最优货币区是一个理论概念，在此区域内使用一种或几种货币作为支付手段是一种优化的选择，若采用几种不同货币，这几种货币之间具有无限可兑换性，其汇率在进行经常项目和资本账户交易时互相钉住，保持不变。

1961 年 9 月，美国哥伦比亚大学教授罗伯特·蒙代尔在《美国经济评论》上发表《最优货币区理论》一文，以全新的视角看待汇率制度问题。蒙代尔的论文描述了共同货币的优势，如贸易的交易成本降低和相对价格的不确定性减少。同时，他分析了共同货币的劣势，比如很难保证就业水平，因为在需求变化或遭遇其他不对称冲击时，要维持就业水平，就要求实际工资下降。根据模型分析，蒙代尔提出了以生产要素的流动性作为确定最优货币区的标准。

1963 年，罗纳德·麦金农提出了把经济开放度作为衡量最优货币区的另一个评判标准。经济开放度指的是一国的生产或消费中贸易品占社会产品总量的比重。他把社会产品分为贸易品和非贸易品，经济开放度与可贸易商品在社会产品中的比重成正比关系，该比重越高，经济越开放。1969年，彼得·凯南在《最优货币区：一个折衷的观念》中提出，经济高度多样化的国家是更为理想的货币区参与者。与蒙代尔一样，凯南的建议是建立在"国际收支失衡是由宏观经济需求波动所致"这一假设之上的。他认为，一个国家如果产品是多样化的，那么出口也会是多样化的。他分析了生产的多样化对外部需求或供应冲击的影响，认为产品多样化程度较高的国家实行固定汇率制是有利的。这是因为在产品多样化程度较高的国家，多种商品的国外需求相互交叉，经济环境相对稳定。即使是某一种或某几种需求锐减，也不会出现国际收支的大面积失衡，也就不会导致国内经济的崩溃。哈伯勒（1970）和弗莱明（1971）认为通货膨胀率的相似性是确定最优货币区的标准，也是引起汇率波动和国际收支失衡的因素。而托尔和威利特（1970）指出政策一体化是最优货币区的确定标准，由于目标政策的不可兼得性，它们的一致是通货区存在及其发展的基础，一个不能容忍失业的国家是难以同另一个不能容忍通货膨胀的国家在政策取向上保持一致的。

（四）汇率制度选择理论

汇率制度既是一国经济制度，同时也是国际货币政策协调的重要抓手。国际货币基金组织2009年对汇率制度的分类显示，汇率制度可划分为三大类、十小类。第一大类汇率制度为硬钉住汇率制度，其形式包括非独立法定货币的汇率安排（exchange arrangement with no separate legal tender）和货币局安排（currency board arrangement）。第二大类汇率制度为软钉住汇率制度，其形式包括传统的钉住安排（conventional pegged arrangement）、稳定化安排（stabilized arrangement）、爬行钉住（crawling peg）、类爬行安排（crawl-like arrangement）、水平区间钉住汇率（pegged exchange rate within horizontal bands）以及其他管理安排（other managed arrangements）。第三大类汇率制度为浮动汇率制度，其形式包括浮动（floating）和自由浮动（free floating）。

影响汇率制度选择的因素众多，经济规模、对外开放程度、通货膨胀率、金融市场成熟度以及出口产品多样性等因素都会影响到汇率制度的选择。在金融发展的初级阶段，即金融约束阶段，政府通常采取对利率和汇率进行管制的措施，实行对金融的干预和管制。赫尔曼和斯蒂格利兹等经济学家认为，发展中国家和转型国家不具备金融自由化的条件，它们大都处于金融约束阶段。在金融约束阶段实行浮动汇率制度有明显的弊端，这是因为浮动汇率制度是汇率完全由市场供求决定，政府不对汇率施加任何干预，在这种情况下，汇率波动频繁且波动幅度变化剧烈。浮动汇率制度的维持需要国家强有力的支持。

在金融发展的高级阶段，即当一国金融的发展水平达到金融自由化阶段时，浮动汇率制度安排是更为合适的选择。与浮动汇率制度下一国货币的频繁波动相比，固定汇率制度和钉住汇率制度能在一定程度上控制本国货币汇率的波动幅度，不过这种汇率上的"固定"或"钉住"是建立在牺牲商品市场效率的基础上的。这是因为在固定汇率制度下，汇率难以反映两国货币的相对价格，因此难以发挥平衡国际收支的作用。

针对20世纪90年代出现的金融危机频频发生在实行钉住汇率制度国家的新问题，汇率制度选择理论也出现了以"原罪论""两级论""浮动恐惧论""市场交易者行为论""退出战略"为代表的新发展。里卡多(1999)等提出原罪论，认为如果新兴市场国家的金融市场不完全，该国的货币将因难以从国际市场获得国际借贷而面临国外借贷货币不匹配、国内借贷期限不匹配的"原罪"。对金融体系发展水平较低的新兴市场国家而言，汇率制度将难以抉择，因为"原罪"的存在，这类国家无论选择哪种汇率制度都将存在问题。

二、"一带一路"金融合作基础

"一带一路"是一个开放的国际合作网络，近年来不断吸纳

新的国家参与合作。据统计，截至 2021 年 12 月，中国已与
145 个国家、32 个国际组织签署了 200 多份共建"一带一路"合作
文件。在学术研究中，通常选取较早与中国签署合作协议和备忘
录的 64 个国家进行分析，这些国家的地域分布如表 2-1 所示。

表 2-1　"一带一路"沿线国家列表

地区	主要国家
蒙俄 2 国	蒙古、俄罗斯
中亚 5 国	哈萨克斯坦、吉尔吉斯斯坦、塔吉克斯坦、土库曼斯坦、乌兹别克斯坦
西亚北非 19 国	土耳其、伊朗、叙利亚、伊拉克、阿联酋、沙特阿拉伯、卡塔尔、巴林、科威特、黎巴嫩、阿曼、也门、约旦、以色列、巴勒斯坦、埃及、格鲁吉亚、阿塞拜疆、亚美尼亚
中东欧 19 国	波兰、捷克、斯洛伐克、匈牙利、斯洛文尼亚、克罗地亚、罗马尼亚、保加利亚、塞尔维亚、黑山、马其顿、波黑、阿尔巴尼亚、爱沙尼亚、立陶宛、拉脱维亚、乌克兰、白俄罗斯、摩尔多瓦
东南亚 11 国	越南、老挝、柬埔寨、泰国、马来西亚、新加坡、印度尼西亚、文莱、菲律宾、缅甸、东帝汶
南亚 8 国	印度、巴基斯坦、孟加拉国、阿富汗、尼泊尔、不丹、斯里兰卡、马尔代夫

　　近年来，随着"一带一路"合作的深入，"一带一路"沿线国
家正成为中国最重要的贸易伙伴。利用扩展的引力模型，廖泽
芳等(2017)发现，一半以上的"一带一路"沿线国家与中国的贸
易潜力巨大，存在明显的市场拓展空间，通过扩大沿线国家的
经济体量和维护金融市场的稳定，这种潜力还将不断放大。将

"一带一路"沿线国家按地域划分，邹嘉龄（2015）分析了中国与上述六个地区国家间的贸易联系。她发现，在"一带一路"沿线国家中，中国与东南亚国家有着最密切的贸易往来，这主要归功于东南亚国家比较稳定的经济政治环境，以及与中国之间较好的经贸关系。西亚北非国家同样也是中国较好的贸易伙伴，这些国家的资源储备丰富，与中国之间的贸易互补程度高，因此近年来贸易增速较快。自从中国加入WTO，中国与这个地区的国家之间的贸易增速接近30%，远高于与其他"一带一路"沿线国家的贸易增速，其中增速最快的国家往往是政治形势稳定、经济增长潜力较高的新兴市场国家。

中国与"一带一路"沿线国家的经贸合作互补程度较高，这已经成为共识。关于贸易互补度，目前学界已经有较为成熟的理论基础和测度方法。李嘉图的比较优势理论从劳动生产率或技术差别的角度解释了两国在生产同一产品时价格差产生的原因；而赫克歇尔、奥林提出的生产要素禀赋论则从生产要素丰裕度的角度说明了产品成本不同导致产品价格的差异。两者虽然侧重点不同，但核心观点仍是比较利益的不同导致国际贸易与分工的产生。在贸易合作的竞争性与互补性的实证分析方面，学界主要使用的测度指数包括贸易出口相似度指数（export similarity index，ESI）①、贸易结合度指数（trade intensity in-

---

① ESI常被用于衡量两地对某共同目标市场出口商品结构的相似程度。

dex，TII)①和显示性比较优势指数(revealed comparative advantages，RCA)②。

　　作为对上述几种测度指数的应用，桑百川(2015)通过构建专业化系数和一致性系数，研究了中国与不同地域国家的贸易竞争性和互补性。计算结果表明，中国与南亚、东南亚、南欧、中欧、西欧和东欧贸易互补性较强，主要体现在 SITC2、SITC3、SITC7 类商品的互补，且除了与南亚的这种互补性在增强外，与其他地区的互补关系均在减弱。另外，虽然当前中国与中西亚地区贸易互补性较低，但合作前景巨大，尤其是在能源资源贸易合作方面。韩永辉(2015)将研究视角聚焦在中国与西亚国家的贸易合作，他利用贸易竞争性和互补性的测度指数深入探讨了中国同西亚国家的贸易关系。研究发现，中国与西亚各国的贸易结合度指数上升趋势显著，贸易联系正越来越密切，这是源于中国与西亚国家较高的贸易互补性。根据对中国和西亚之间显示性比较优势指数的测算，中国在工业制成品方面有显著的比较优势，而西亚则在能源资源类产品方面的比较优势显著，这些产品门类之间基本没有重叠。此外，中国和西亚的产品在对第三方出口时，出口相似度指数很低，两者之

---

　　①　TII 指一国对某贸易伙伴国的出口占该国出口总额的比重与该贸易伙伴国进口总额占世界进口总额比重的比例，该指标数值越大，表明两国间贸易联系越紧密。

　　②　这是目前衡量某地的产品或产业在国际市场竞争力最为权威的指标。

间也不存在较高的贸易竞争。这些数据印证了中国与西亚国家之间较高的贸易互补度和较高的经贸合作潜力。刘伟等（2021）将上述方法运用到东南亚 11 国的贸易结构互补性分析上，发现我国与东南亚国家之间的贸易种类繁多、贸易互补性很强，贸易结合度指数呈现稳中有增的趋势。余妙志等（2016）将研究视角聚焦在农产品领域，通过测算中国与南亚国家的农产品贸易结合度指数、显示性比较优势指数、出口相似度指数和贸易互补指数，发现我国的农产品与南亚国家的农产品在出口到美日欧等发达国家市场时存在比较激烈的竞争，且与南亚国家相比，我国并不存在比较优势。因此，我们更应该加强与南亚国家的农业合作，避免在国际市场的过度竞争，同时积极调整农产品结构，扩大与各伙伴国家之间的差异性，实现优势互补，并增强农产品在国际市场的竞争力。

除了国家层面的分析，还有大量研究将视角聚焦在省市层面。伍琳（2015）利用 RCA 指数和贸易特化指数（TSC）[①]研究了福建省同东盟国家间的贸易合作的竞争互补关系，分析得出福建和东盟国家的出口产品相似之处。两者在国际市场上具有比

---

① $TSC_i = \dfrac{x_i - M_i}{x_i + M_i}$，$TSC_i$ 表示中国与东盟代表国家之间 i 产品的贸易特化指数，r_i 表示中国对东盟代表国家出口 i 产品的金额，M_i 代表中国从东盟代表国家进口 i 产品的金额。当 $-0.5 \leqslant TSC \leqslant 0.5$，表明双方处于产业内互补，$TSC > 0.5$ 说明中国在 i 产品竞争力较强，$TSC < -0.5$ 说明中国在 i 产品竞争力较弱，后面两种情况都属于产业间互补。

较优势的产业都是工业制成品，因此工业制成品成为两者在国际市场上主要的出口产品，双方在这类产业或产品上也存在竞争关系；与此同时，福建和东盟国家也存在着较强的产业内贸易合作，这既说明了两者之间的产品结构差异，也更说明了两者间的产业互补。姜安印等（2017）则聚焦在西北五省，通过测算甘肃、宁夏、新疆、陕西、青海丝绸之路经济带重要节点省区的产业结构相似性指数，发现西北五省区的产业结构同构化趋势比较显著，区域之间产业的互补性差而竞争性强，产业协同发展难度较大。因此，为了在"一带一路"的历史机遇中获得更好的发展，西北五省区应大力改造传统产业，区域一盘棋，加快地区产业的协同规划，从而培育具有国际竞争力的优势产业。谢婷婷等（2016）对我国各省的经济开放度进行测算。通过构建空间计量模型，他们发现我国经济开放度的地区差异比较大，从东部至西部呈现阶梯状分布，省域之间存在越来越强的空间集聚性。为了积极投身于"一带一路"建设，各省应找准自身定位，对于经济发展水平和开放程度较高的省份而言，应提升原有增长模式，积极巩固基础设施建设，寻找新的增长点；对于经济发展水平次优的省份，如黑龙江、吉林而言，应积极构建对接重要"一带一路"节点城市，如俄罗斯及东北亚的桥头堡城市群；而对于经济发展和开放度较为落后的省区，如新疆、甘肃而言，应该借"一带一路"建设的东风，充分利用现有的融资平台，完善交通基础设施建设，大力打造内陆开放新高地和新的经济增长点。

尽管中国与"一带一路"沿线国家之间的贸易互补性较高、合作潜力较大，但近年来经贸合作仍然面临诸多的问题与挑战，包括贸易摩擦、文化差异、制度差异等。比如，在与"一带一路"沿线国家进行贸易往来时，我国会遇到来自对手国的反倾销、反补贴等贸易诉讼。人们通常认为对中国采取反倾销诉讼的多为发达国家，且涉及的金额颇为巨大，比如美国商务部曾在 2012 年宣布对中国生产的光伏产品征收 31.14%～249.96% 的反倾销税，这引起我国全民的广泛关注。然而，由于发展中国家与中国之间的贸易量相对较低，反倾销涉及金额也不大，这些反倾销的诉讼并未被大众知晓。事实上，近几年的数据则表明，发展中国家对中国实行的反倾销措施在数量上已经超过了发达国家，这是中国与"一带一路"沿线国家开展贸易合作需要密切关注的首要问题。我们不仅需要高度警惕与合作国间的贸易摩擦，更需要防范来自贸易竞争对手的排挤。例如，在对"一带一路"沿线国家进行基础设施建设材料（如通信设备、建材等）输出的同时，中国必然会遭受来自美国等传统竞争强国的市场挤压。另外，中国制造业某些领域基本一直处于引进、模仿和缺乏创新的层面上，拥有自主知识产权和完善专利制度的发达国家以此为攻击目标，使得中国这些产业的出口备受责难，遭受巨大损失(张文文,2015)。

三、"一带一路"金融合作机制

针对中国与"一带一路"沿线国家金融合作的问题,学术圈已涌现了大量文献。大多数学者在战略层面探讨中国与"一带一路"国家之间的金融合作模式、合作路径及需要注意的问题。学者们认为,金融是"一带一路"货币流通载体和贸易往来的支点,在推行"一带一路"金融合作的时候,需要充分考虑到地缘政治的约束、各国之间经济与金融水平的巨大差异、金融合作内在松散约束的特质,通过完善开发性金融与商业金融相结合的投融资支持体系,促进"一带一路"沿线国家金融资本总量的增长,提升金融发展水平,降低宏观金融风险,从而为区域内的互联互通打下坚实的资金基础(易诚,2014;陈明宝和陈平,2015;杨柳,2016;朱苏荣,2015)。除此之外,一些学者将视野集中在"一带一路"沿线某一个地区,如西亚、东南亚或中东欧,研究这些地区各国的金融体制和金融市场发展水平,并探讨中国与这些地区开展金融合作的战略需求和合作路径(何文彬,2017)。

"一带一路"沿线国家的金融合作涵盖了不同领域,正如上文分析，金融合作既包括中国央行与沿线国家的央行建立货币互换、地区宏观经济风险监控等制度安排，又包括中国的开发银行、商业银行的"走出去"战略，还包括非金融企业在与"一带一路"沿线国家进行贸易结算时的货币选择。裴长洪和于燕(2015)认为，"一带一路"建设是新时期我国对外开放战略的重要组成部分。推进"一带一路"建设，资金融通是支撑经济贸易发展的重要条件。为此，应当积极加强我国与"一带一路"沿线国家金融市场的合作，加快债券市场的开放步伐；国内金融机构以银团贷款、银行授信等方式积极开展跨境金融业务，支持企业"走出去"；此外，加强货币合作和国家间的金融监管合作也是"一带一路"金融合作的重要组成部分。张汉林和张鹏举(2018)认为，沿线国家基础设施建设资金需求存在着巨大缺口，亟须通过银行货币、资本市场、公私合营、信用保险、金融市场和金融监管这六方面的合作来弥补，国际金融合作是推动"一带一路"基础设施跨国合作、解决资金瓶颈的重要抓手。不少文献针对某一个领域，如银行业的合作，从数据分析入手，研究"一带一路"倡议对中国及区域的影响。徐杰(2015)认为商业银行在制定"走出去"战略时需因地制宜，根据东盟等新兴经济体、非洲等欠发达经济体、欧盟等发达经济体的实际情况制定不同的商业银行投资策略。在相对生疏的国家和地区，应逐步开展中国柜台服务或小比例入股国外商业银行，而在已有一定的业务基础的国家，应积极设立分行和支行，开展全方位的金融服务。巴曙松和王志峰（2015）发现，"一带一路"沿线国家的信贷投放增速较快，银行资产质量和经营环境均逐步改善，这恰好为中国金融企业"走出去"创造了良好的环境。中国的银行业在"一带一路"沿线国家已有一定的网络基础，未来可通过构建覆盖区域的融资体系，满足企业和个人"走出去"的需求，同时为"一带一路"沿线国家拓展资金来源。暨佩娟等（2016）通过实地调研，发现在中国企业对外投资和贸易日趋频繁的大背景下，中资银行也正在加快进行海外布局，不仅为"走出去"的企业和当地企业提供更多的融资服务，而且开发了更丰富的金融产品，将业务拓展至基金、保险、信托、衍生品等非银行金融业务。

第三章 | "一带一路"沿线国家金融
发展历史

"一带一路"金融合作能否顺利开展，不
仅取决于中国金融市场的开放度和包容性，
也取决于其他沿线国家的金融发展是否能给
多边合作提供有效支撑。因此，对"一带一
路"沿线国家的金融发展情况进行深入研究尤
为重要。第二次世界大战之后，"一带一路"
沿线国家陆续开始了和平发展进程，在不断
推进经济建设的同时，这些国家的金融体系
也有了长足的发展。本章将"一带一路"沿线
国家大致分成几个不同区域，分别选取新加
坡、俄罗斯、印度、以色列、波兰、哈萨克
斯坦作为东南亚、蒙俄、南亚、西亚北非、

中东欧、中亚地区的"一带一路"沿线国家代表，简要回顾这些重点沿线国家的金融发展历史。

一、新加坡的金融发展历史

新加坡，全称新加坡共和国，官方语言为马来语、汉语、泰米尔语和英语，马来语是其国语，英语则是其通用语言。新加坡的主要宗教为佛教、道教、伊斯兰教、基督教和印度教。官方数据显示，截至 2021 年年底，新加坡人口为 569 万人，永久居民约 52 万人，非居民人口约 164 万人。新加坡地势平低，平均海拔 15 米，最高海拔仅有 163 米。

（一）新加坡的经济发展史

1819 年，英国东印度公司的斯坦福·莱佛士登陆新加坡，开始管理新加坡，并在新加坡设立贸易站。5 年后，新加坡成了英国殖民地，起初归属印度管理，后来由于其独特的地理优势，归英国本土直接管理。第二次世界大战之后，新加坡于 1959 年取得自治邦地位，英国不再派出总督，政府首脑直接由民选决定。很快，首届民选政府正式成立，李光耀成为第一任总理。1963 年 9 月，新加坡并入马来西亚。1965 年

8月，新加坡脱离了马来西亚，成立新加坡共和国，成为一个拥有主权、民主、独立的国家，随后成为联合国成员国，并加入英联邦。

建国之后，作为亚洲四小龙的新加坡经济快速发展，并迅速成为一个高度开放的经济体，被誉为亚洲奇迹。据世界银行发布的《2020年营商环境报告》，在全球190个经济体中，新加坡连续4年排名第二。世界经济论坛（WEF）《2019年全球竞争力报告》显示，新加坡在全球最具竞争力的141个国家和地区中以84.8分位列第一，而美国从2018年的85.6分下滑到83.7分，退居第二，其次是中国香港、荷兰及瑞士。

新加坡位于东南亚，是马来半岛最南端的一个热带城市岛国，也在马六甲海峡的出入口处。从地理资源禀赋上来看，新加坡国土面积较小，约为广州的十分之一，自然资源匮乏，但是金融业非常发达，这与新加坡多年来实行的金融开放政策密切相关。自20世纪60年代以来，新加坡政府开始实行自由经济政策，大量吸引外资，发展多元化经济，同时也确立了建设国际金融中心的发展战略。经过多年的持续发展，新加坡的国际金融地位逐渐确立。2022年，国家高端智库中国（深圳）综合开发研究院与英国智库Z/Yen集团共同编制的《第31期全球金融中心指数报告》，从营商环境、人力资本、基础设施、金融业发展水平、声誉等方面对全球主要金融中心进行了排名，新加坡位列第 6，前 5 分别是纽约、伦敦、香港、上海、洛杉矶。

纵观新加坡的经济发展历史，主要可以分为四个阶段。第一阶段是 20 世纪 60 年代，新加坡政府开始大力提倡工业自动化，工业化进步带动经济快速增长。第二阶段是 20 世纪 80 年代，新加坡开始逐步调整经济结构，行业向着高附加值和资本、技术密集型转型。第三阶段是 20 世纪 80 年代后期到 90 年代，新加坡全面发展技术密集型行业，并在金融、交通、商业等领域取得了显著进步，制造业和服务业成为经济发展的两大支柱。随后是第四阶段，新加坡开始发展高科技和资讯工业，迈向国际化。

中国与新加坡的经贸往来较为频繁。中国海关的数据显示，2021 年新加坡与中国进出口总额达到 6 077 亿元人民币，在整个亚洲国家中排名第 11。从当年中国出口至新加坡的货物类别来看（见图 3-1），最多的为机电、音像设备及其零件、附件。

从进口来看（见图 3-2），中国从新加坡进口的产品也主要为机电、音像设备及其零件、附件，其次为化学工业及其相关工业的产品，塑料及其制品、橡胶及其制品。2021 年，中国从新加坡的进口总额约为 2 506 亿元。

第22类 特殊交易品及未分类商品 468 623
第21类 艺术品、收藏品及古物 2 192
第20类 杂项制品 1 626 272
第19类 武器、弹药及其零件、附件 250
第18类 光学、医疗等仪器；钟表；乐器 974 836
第17类 车辆、航空器、船舶及运输设备 3 471 820
第16类 机电、音像设备及其零件、附件 16 673 598
第15类 贱金属及其制品 2 372 370
第14类 珠宝、贵金属及制品；仿首饰；硬币 144 011
第13类 矿物材料制品；陶瓷品；玻璃及制品 561 554
第12类 鞋帽伞等；羽毛品；人造花；人发品 280 148
第11类 纺织原料及纺织制品 1 229 991
第10类 纤维素浆；废纸；纸、纸板及其制品 309 501
第9类 木及制品；木炭；软木；编结品 74 819
第8类 革、毛皮及制品；箱包；肠线制品 232 837
第7类 塑料及其制品；橡胶及其制品 1 185 366
第6类 化学工业及其相关工业的产品 1 467 483
第5类 矿产品 3 875 415
第4类 食品；饮料、酒及醋；烟草及制品 361 030
第3类 动、植物油、脂、蜡；精制食用油脂 161 469
第2类 植物产品 188 770
第1类 活动物；动物产品 53 690

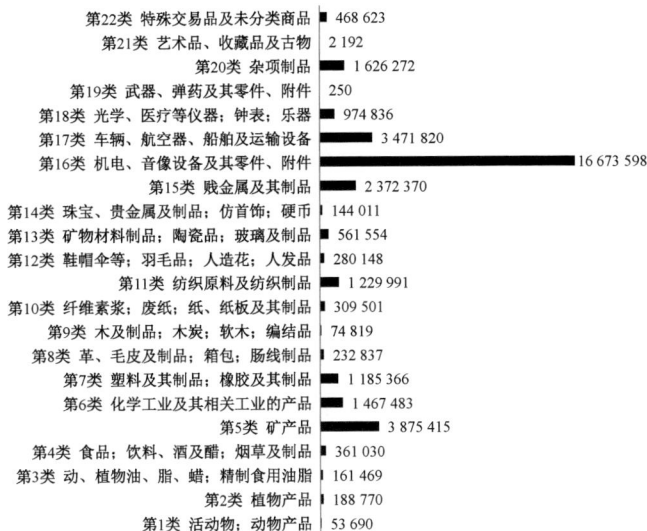

图 3-1　中国出口至新加坡的货物类别（2021 年，单位：万元）

数据来源：中国海关总署。

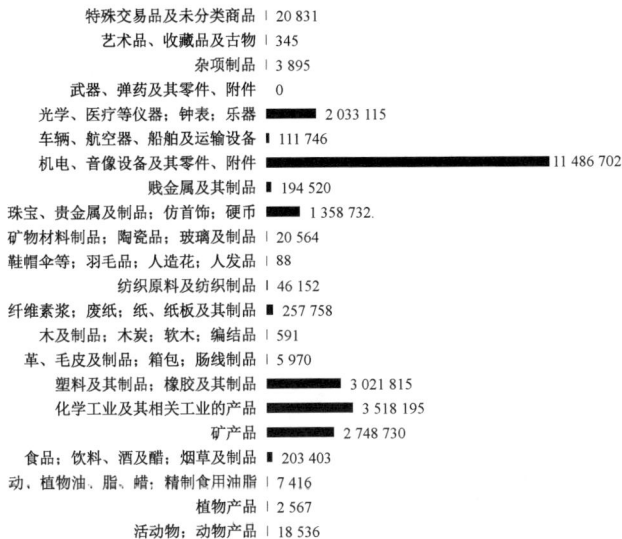

特殊交易品及未分类商品 20 831
艺术品、收藏品及古物 345
杂项制品 3 895
武器、弹药及其零件、附件 0
光学、医疗等仪器；钟表；乐器 2 033 115
车辆、航空器、船舶及运输设备 111 746
机电、音像设备及其零件、附件 11 486 702
贱金属及其制品 194 520
珠宝、贵金属及制品；仿首饰；硬币 1 358 732
矿物材料制品；陶瓷品；玻璃及制品 20 564
鞋帽伞等；羽毛品；人造花；人发品 88
纺织原料及纺织制品 46 152
纤维素浆；废纸；纸、纸板及其制品 257 758
木及制品；木炭；软木；编结品 591
革、毛皮及制品；箱包；肠线制品 5 970
塑料及其制品；橡胶及其制品 3 021 815
化学工业及其相关工业的产品 3 518 195
矿产品 2 748 730
食品；饮料、酒及醋；烟草及制品 203 403
动、植物油、脂、蜡；精制食用油脂 7 416
植物产品 2 567
活动物；动物产品 18 536

图 3-2　中国从新加坡进口的产品类别（2021 年，单位：万元）

数据来源：中国海关总署。

(二)新加坡的金融发展史

新加坡是最重要的国际金融中心之一,金融市场的发展可追溯到 1959 年。在新加坡成为自治邦后,人民行动党通过颁布《新兴工业法案》《工业扩展法案》等一系列法律,推进工业化。在那以后,新加坡诞生了一大批本地银行。截至 1965 年,新加坡已经有银行 30 多家(其中本地银行 10 家),其他金融和保险公司 100 多家。1968 年,新加坡开设亚洲美元市场,当时,新加坡政府批准美洲银行在新加坡经营离岸金融业务,即"亚洲货币单位",创立了新加坡亚洲美元,自此开始,其美元业务迅速发展。1970 年,新加坡又先后批准了花旗、渣打、汇丰等 16 家外国银行经营境外货币业务。同时,新加坡规定境外货币业务与本地金融业务应该严格区分开来,形成了在岸银行体系和离岸银行体系。据统计,新加坡的亚洲美元市场总资产由 1968 年的 0.305 亿美元发展到 1981 年年底的 858.52 亿美元,增加了 2 814 倍。1972 年,新加坡政府开始放宽对银行的外汇交易管制,并积极鼓励跨国银行在新加坡设立分支机构。1973 年,政府取消黄金交易的限制,放宽对非居民客户进入亚元市场的规定。1977 年,政府特准亚洲货币单位各项离岸所得缴纳 10%所得税的优惠。1978 年,政府出台了经营亚洲货币单位的银团贷款、亚元债券收入免征所得税以及废除对非居民所得

40％的预扣税等政策。这些政策措施推动了新加坡金融业的自由化和国际化进程，也使得新加坡作为国际金融中心的地位得到不断加强。1997 年的亚洲金融危机并未对新加坡造成致命的影响。

新加坡属于离岸型国际金融中心，金融主体的商业银行由全能银行、批发银行和离岸银行三类构成。据新加坡金融管理局统计，截至 2021 年年底，新加坡有本地银行 4 家、全牌照银行 10 家，批发银行 97 家，商业银行 21 家（见表 3-1）。据国际清算银行的调查，2021 年新加坡是仅次于伦敦和纽约的全球第三大外汇交易中心，也是世界第三大财富管理中心，仅次于纽约和瑞士。

表 3-1　新加坡各类金融机构数量（截至 2021 年年底）

金融机构类型	数量
本地银行	4
全牌照银行	10
全能银行	20
批发银行	97
商业银行	21
财务公司	3
货币经纪公司	1
银行代表处	36
银行类金融控股公司	1
新加坡政府证券（SGS）一级经销商	13

(三)新加坡的证券市场

1. 新加坡交易所

新加坡的证券市场经历了近百年的发展传承。1930年6月，新加坡股票经纪商协会成立，以便管制交易活动与维护投资者的利益，保障证券有关制度的顺利施行。1960年3月，19家经纪商组织成立股票交易所，取代新加坡股票经纪商协会。1963年，由于新加坡当时成为马来西亚的一个州，故而该交易所改名为马来西亚股票交易所。1965年8月，新加坡独立后，该交易所作为两地的联合交易所继续从事证券交易活动。在此期间，两国将各自证券在两地联合挂牌，以直线电话相连，在交易中采用记分牌制度。1972年，新加坡本地经济发展迅速，外资大量涌入，股市交易非常活跃。1973年5月，新加坡、马来西亚联合股票交易所正式分离，新加坡证券交易所正式诞生。1975年，新加坡证券交易所开始实施二部类上市挂牌制度。1978年至1983年，新加坡证券交易所设立证券金融公司、证券结算与电脑服务公司和保证金交易机制，此举提高了市场资金周转率，加速了交易进程并降低了管理成本。1999年12月1日，新加坡证券交易所与新加坡国际金融交易所合并，成立了新加坡交易所(singapore exchange，SGX)。

到了20世纪90年代后，新加坡政府开始允许外资投资新加坡的股票市场和债券市场,这也使得新加坡本地证券市场快速发展。到今天,新加坡交易所(以下简称"新交所")有两个主要板块,分别为主板和凯利板(Catalist)。根据其官方网站信息,其交易产品有股票、REITs、商业信托、特殊目的收购公司、ETF、杠杆及反向产品、结构性认股权证、美国存托凭证、固定收益类产品以及其他金融衍生品等类型。新交所具有高度的国际代表性,近 800 家上市公司中,约有 40% 来自新加坡境外。截至 2022 年 3 月,新交所共有上市公司 669 家,市值约9 207 亿新元。其中,主板上市公司 452 家,凯利板上市公司217 家。从行业分类来看(见表 3-2),新交所上市公司主要集中在工业类(212 家)、金融类(119 家)、消费服务类(79 家)。从公司属地来看,新加坡本土公司共有 441 家,海外(不包括中国)公司 158 家,中国公司 70 家。

表 3-2 新交所上市公司数量(分行业)

上市公司类型	2022 年 3 月	2021 年 3 月
原材料	53	57
消费商品	71	77
消费服务	79	83
金融	119	122
健康	30	29
工业	212	223
石油天然气	34	36
技术	44	48

上市公司类型	2022 年 3 月	2021 年 3 月
通信	3	3
公共事业	8	8

截至 2022 年 3 月,新交所上市公司市值情况如表 3-3 所示。

表 3-3　新加坡上市公司市值/百万新加坡元

	发行类型	2022 年 3 月市值	2021 年 3 月市值
首次发行	主板	688 577	646 943
	新加坡本土公司	562 784	521 983
	海外公司(不包括中国)	106 394	105 492
	中国公司	19 399	19 468
	凯利板	10 809	11 827
	新加坡本土公司	7 264	7 551
	海外公司(不包括中国)	2 720	3 563
	中国公司	826	712
二次发行	主板	221 311	285 052
	新加坡本土公司	—	33
	海外公司(不包括中国)	221 273	284 964
	中国公司	38	56
	合计	920 697	943 822

除了证券交易所外,新加坡还拥有包括金融管理局、货币局、商业银行在内的成熟高效的金融机构,这些金融机构共同保障了新加坡金融环境的稳定,并帮助新加坡成为亚洲地区乃至全球最重要的金融中心之一。

2. 新加坡金融管理局

根据 1970 年公布的《新加坡金融管理局法》，新加坡金融管理局于 1971 年 1 月 1 日正式成立，其董事局由 7 名董事组成，其中财政部部长为董事局主席。建立伊始，除执行总监办公室外，还有三个职能部门——银行和金融机构部门、投资和汇率控制部门、银行营运和管理部门。同年，秘书处、经济研究部门和伦敦办公室正式成立。1977 年 4 月 1 日，保险行业被列入新加坡金融管理局的管辖范围。1984 年 9 月 21 日，证券行业也受到新加坡金融管理局监管。

新加坡金融管理局是一个促进国民经济增长的金融服务管理部门，其主要职能包括执行货币及汇率政策，提供能使金融部门良性运作的环境，作为政府的财政代理及银行，提高金融部门的竞争性，以及与各国的中央银行和国际机构建立联系。总的来说，新加坡金融管理局履行除发行货币外所有的央行职能。金融管理局实现上述目标的工具主要有对国库券和贸易票据的再贴现、对金融机构的资产规定流动资产比率和最低现金储备率。其使命是推动经济的可持续增长，将新加坡建设成一个健全的、蓬勃向上的金融中心。

3. 新加坡货币局

新加坡货币局的主要职能是发行货币。新加坡货币局创立于 1967 年，并于 1967 年 6 月开始发行新加坡元。值得关注的是，与中国香港相似，新加坡元的发行一直以100％的黄金和外汇做担保。

4. 新加坡证券行业委员会

新加坡证券行业委员会是新加坡财政部于1973年根据《证券行业法》设立的，兼具《证券行业法》的执行机构和咨询机构的双重职能。

新加坡的证券监管拥有显著的特点，新加坡金融管理局作为其中央银行对全国金融市场实施统一监管，与我国在国务院金融稳定发展委员会的领导下，实施"一行两会"的监管框架有所不同。同时，其证券监管也施行政府监管、市场监督约束、行业自律三者相结合的方式。

二、俄罗斯的金融发展历史

1991年12月25日苏联解体后，俄罗斯开始由计划经济转向市场经济。1992年，俄罗斯政府实行"休克疗法"，即推进经济自由化、私有化和稳定化，并开始采取紧缩政策，以保障财政和货币的稳定。2000年，普京就任总统后提出了"第三条道路"的发展方针，开始整顿金融秩序，强化国家干预，金融市场制度环境也不断改善，这为俄罗斯现代金融市场框架的建立奠定了基础。

（一）金融监管体制

俄罗斯的金融监管体制从无到有，几经调整，大体实行分业、多头管理模式，即俄罗斯中央银行（以下简称"俄央行"）主要负责监管信贷市场，联邦金融市场服务局主要负责监管资本市场，财政部同时也承担部分金融监管职责，难以形成统一的金融政策。2013 年，为了提高金融监管的稳定性和有效性，时任俄罗斯总统普京签署了总统令 645 号，撤销了联邦金融市场服务局，宣布由俄央行取代其原有职能，对证券市场、保险市场、信贷市场和养老金投资等金融领域的经营活动实行统一监管。根据法案，由于俄央行职权的扩大，相应提高其内设的国家银行委员会的地位，将其更名为国家金融委员会。至此，俄罗斯建立新的联邦金融监管体制的法律程序基本完成。俄央行获得了新的目标和职能，如促进俄罗斯金融市场发展和维持俄罗斯金融稳定等，一跃成为俄罗斯金融市场的"超级监管机构"。

目前，俄罗斯银行承担着俄央行的职能。俄央行根据《俄罗斯联邦宪法》《俄罗斯联邦中央银行（俄罗斯银行）法》和其他联邦法律履行其职能。根据俄罗斯联邦宪法第 75 条，俄罗斯银行的主要职能是确保卢布的稳定，货币投放完全由俄罗斯银行执行。根据《俄罗斯联邦中央银行(俄罗斯银行)法》第4条的要求，俄罗斯银行承担的职责包括：制定货币政策；发行货币，管理货币流通；作为信贷机构的最后贷款人，管理再贷款系统；制定俄罗斯结算规则；制定银行业管理规则；经理国库；管理俄罗斯银行国际储备；负责信贷机构市场准入和退出管理；监管信贷机构和银行集团；审批信贷机构的证券发行；组织和实施外汇管理；分析预测俄罗斯全国和各地区经济形势，特别是货币、外汇、金融和价格情况，发布相关资料和统计数据。

俄罗斯银行需保证其独立性，根据《俄罗斯联邦宪法》和《俄罗斯联邦中央银行(俄罗斯银行)法》，俄罗斯银行独立于联邦国家权力机构、地区当局和地方政府。这意味着俄罗斯银行是一个特殊的公共机构，拥有发行货币和组织其流通的专有权。俄罗斯银行同时还拥有立法权，它拥有对有关权力机关、地区当局、地方政府和所有法人实体和个人发布具有约束力的法规的专属权力。

俄央行具有悠久的历史，它的成立可追溯到一百多年前俄罗斯帝国时期，表3-4为俄央行发展过程中的重要事件的简要梳理。

表 3-4　俄央行的发展历史

时间	事件
1860 年	国家银行成立于俄罗斯帝国,根据章程,它负责促进"贸易额的复苏和货币体系的弹性"
1862 年	国家银行的分行(办事处)在俄罗斯各地开设,它们向贸易和工业公司提供贷款,吸收存款并开设经常账户
1864 年	发行溢价债券,部分收入用于修建铁路
1883 年	股份制商业银行引入了损失准备金率:在国家银行的现金和往来账户合计不低于银行总负债的 10%
1890 年	国家银行贷款利率首次降至 4%,创历史新低
1898 年	在圣彼得堡,国家银行的第一家票据交换所开业;结算办公室在银行和大公司之间进行结算
1914 年	第一次世界大战爆发后,国家银行及其分支机构停止用纸币兑换黄金
1917 年	10 月 25 日,布尔什维克占领了彼得格勒的国家银行大楼。不承认新当局的银行职员和官员举行了罢工。11 月,布尔什维克控制了彼得格勒的国家银行。在 12 月通过了一项关于银行国有化的法令后,国家宣布垄断银行业务;同时,通过了关于检查银行金库的法令,金条和金币被没收并转入国家黄金基金
1923 年	苏联国家银行改组,推出了新的纸币。1923 年的 1 卢布等于 1922 年的 100 卢布,苏联金币发行
1929 年	苏联国家银行的第一部章程获得通过。根据苏联国民经济发展的总体规划,该银行受托管理货币流通和短期贷款
1941 年	卫国战争爆发后,苏联国家银行增加了对军事工业的贷款(不减少对从事军事订单的国民经济其他部门的贷款),向军队和工厂提供财政援助。苏联国家银行设立了一个野战机构部门,为军队提供现金和结算服务

续表

时间	事件
1947 年	苏联进行货币改革，旧货币兑换新发行货币（比例为 10：1），储蓄银行存款重估，政府贷款转换（1947 年贷款除外）。苏联雪佛兰纸币被淘汰。面额为 10 卢布、25 卢布、50 卢布和 100 卢布的纸币被正式命名为苏联国家银行的纸币
1949 年	国家银行的新章程获得通过。它规定了银行作为苏联唯一的开证行、短期贷款人和结算中心的角色
1965 年	苏联开始了经济改革，旨在提高生产的经济效率。苏联国家银行提供了旨在确保经济增长的计划
1980 年	新版国家银行章程获得通过。它确认了苏联国家银行作为唯一发行银行、国民经济贷款人和国家结算中心的作用
1988 年	第一家股份制商业银行在苏联开业。苏联国家银行的第四份也是最后一份章程获得通过。其主要目标包括提高国家信贷资源的使用效率，协调苏联银行业务以及实现银行业务管理系统的自动化
1992 年	苏联国家银行被清算。俄罗斯银行获得了在俄罗斯联邦发行货币的垄断权
1993 年	俄罗斯银行发行了首批金、银、铂和钯金纪念币
1998 年	俄罗斯卢布以 1 000：1 的比例重新估值
2001 年	启动了银行业改革，旨在增强金融部门的韧性和发展国民经济
2013 年	俄罗斯银行承担了超级监管者的职能，监督包括银行、交易所、保险公司、养老金和投资基金等金融部门所有参与者
2015 年	引入了支付系统 Mir——一种独立于外国支付系统的俄罗斯国家支付系统。新支付系统的第一张支付卡于 2015 年 12 月发行
2017 年	发行了面额为 200 卢布和 2 000 卢布的新纸币

(二)国家金融委员会

俄罗斯国家金融委员会(NFB)是俄罗斯银行的一个合议机构，根据《俄罗斯联邦中央银行(俄罗斯银行)法》行事。NFB由12名成员组成，其中联邦委员会授权2名，国家杜马授权3名，俄罗斯联邦总统授权3名，俄罗斯联邦政府授权3名。NFB还包括俄罗斯银行行长。除俄罗斯银行行长外，NFB成员不在俄罗斯银行全职工作，也不会因这些活动获得任何报酬。

NFB的主席由NFB成员的多数票选出。NFB以出席会议的成员的多数票做出决定，法定人数为7人；如果票数相等，则会议主席拥有决定票。NFB会议至少每三个月举行一次。其职权范围包括审议俄罗斯银行年度报告、单一国家货币政策指导方针草案、国家支付卡系统发展战略、与银行系统发展和升级有关的问题以及整个金融市场情况。NFB每季度审议董事会关于俄罗斯银行活动相关主要问题的信息，并任命审计公司对俄罗斯银行年度财务报表进行强制性审计。

(三)银行业发展历程

苏联的银行制度是单一银行制，属于资金配给型的信贷体系，银行体系规模庞大，但是结构较为单一，银行业高度垄断。为了提高银行体系的可靠性，提高银行体系对经济发展的促进作用，俄罗斯将原一级银行体系转向二级银行体系，形成中央银行为主导、商业银行为主体、多种金融机构并存的银行体系。这使得俄罗斯央行的地位和作用发生了彻底改变，并确立了完全不同于计划经济时期的银行和国民经济的交互机制。

1990 年 12 月，俄罗斯发布了《俄罗斯联邦中央银行（俄罗斯银行）法》和《俄联邦银行和银行活动法》，从法律上明确了二级银行体制。自此，俄央行开始真正成为"银行的银行"，并开始负责执行金融货币政策进而保障本国货币稳定；商业银行也开始更好发挥银行中介的作用。1992 年，俄罗斯在放开物价的同时，放开了银行贷款利率，实行利率市场化，商业银行体系也开始迅速实现所有制的多样化。

从所有制的形式上来看，俄罗斯商业银行采用最广泛的是股份制。根据俄央行的规定，1996 年 4 月起，在俄罗斯注册的商业银行必须有 200 万欧洲货币单位的自有资本。银行业改革后，俄罗斯商业银行的数量增长很快，1989 年年初俄罗斯只有 43 家商业银行，到 1991 年年初时已达到 1 357 家，1995 年已有 2 486 个有资格从事银行业务的商业银行。随后由于宏观经济原因，俄罗斯开始出现大量商业银行倒闭，到 2003 年 1 月，商业银行有 1 279 个，非银行信贷组织 51 个。截至 2019 年年末，俄罗斯共有信贷机构 442 家，其中银行 402 家，非银行信贷机构 40 家。银行业总资产为 96.6 万亿卢布，占 GDP 的 87.8%。

目前，俄罗斯大型的商业银行有俄罗斯联邦储蓄银行、俄罗斯联邦外贸银行、俄罗斯天然气工业银行、俄罗斯农业银行、莫斯科信贷银行、俄罗斯工业通讯银行、阿尔法银行等。截至2019年年底，俄罗斯外资参股的信贷机构数量为133家，外资参股超50%的信贷机构数量为74家。主要的外资银行包括德国德累斯顿银行、德意志银行、美国花旗银行、法国兴业银行、英国巴克莱银行、奥地利雷菲森银行、日本丰田银行等。近年来，中国银行、中国工商银行、中国农业银行、中国建设银行、中国国家开发银行、中国进出口银行等都与俄罗斯银行开设了代理账户。中资银行在俄罗斯的业务较为简单，大致分为国际贸易业务、非贸易结算业务、信贷业务和代办外汇监管。

货币市场上，近年来由于中俄两国经贸往来的日渐频繁，双方的货币往来也逐渐增多，具体情况见表3-5。

表3-5 中俄货币市场合作大事记

时间	事件
2003年1月1日	中俄两国中央银行签订《中国人民银行与俄罗斯联邦中央银行关于边境地区贸易的银行结算协定》
2008年8月8日	中俄签署了在双边贸易中扩大卢布和人民币结算范围的文件
2010年11月22日、12月15日	中俄先后在两国外汇市场启动人民币和卢布挂牌交易，俄罗斯成为中国境外首个有组织的人民币交易市场
2014年10月13日	中国人民银行与俄罗斯联邦中央银行签署了规模为1 500亿元人民币/8 150亿卢布的双边本币互换协议

时间	事件
2017 年 3 月 22 日	中国工商银行在莫斯科正式启动人民币清算行服务
2017 年 11 月 22 日	中国人民银行与俄罗斯联邦中央银行续签双边本币互换协议

(四)证券市场发展历程

1990 年 11 月,为证券流通提供交易场所和中介服务的工作平台——莫斯科国际证券交易所和莫斯科中央证券交易所相继成立。作为证券市场专业管理部门的苏联促进有价证券市场发展委员会也在这一时期宣告成立。而莫斯科银行间外汇交易所及俄罗斯交易系统分别建立于 1992 年和 1995 年,在促进外汇市场和证券市场发展、电子化交易平台建设等方面发挥了积极作用。

1990 年 6 月,《苏联(境内)企业法》正式颁布实施。这部法律明确了企业可以通过发行证券来筹措资金。同时,苏联部长会议颁布了《股份公司和有限责任公司条例》。1990 年 12 月,苏联部长会议批准了《股份公司条例》,取代了《股份公司和有限责任公司条例》,新条例规定了开放式股份公司和封闭式股份公司两种法人组织形式。同时,苏联还通过了《企业和企业活动法》,其中规定了无限公司、两合公司、有限责任公司、股份公司四种公司。在这样的背景下,苏联出现了卡马斯等股份公司。

1991 年 5 月，苏联通过了第二个民事立法纲要，规定可以在苏联和俄罗斯联邦境内设立无限公司、两合公司、有限责任公司、股份公司和补充责任公司。该立法纲要首次确认了拥有自己独立财产的民事主体，并将法人分为商业组织和非商业组织，该纲要第一次在立法层面上规定了股票的定义。随后，俄罗斯陆续出台《俄罗斯联邦民法典》《俄罗斯联邦股份公司法》《俄罗斯联邦有限责任公司法》等相关法律规定，而后《股份公司法》于2007 年进行了修订。1993 年 3 月，俄罗斯成立了有价证券和证券交易所委员会。1996 年该委员会改为联邦有价证券委员会，同年俄罗斯出台了新的《股份公司法》和《有价证券法》。至此，俄罗斯股票市场监管的制度框架已经形成。

俄罗斯股票市场的发展与国有企业私有化进程直接相关。1994 年 6 月以前，国有企业的股份化是通过发行私有化券进行的，当时共发放 1.5 万亿卢布的证券，占国有资产总量的 35%。随着股份公司的大量成立，股票发行种类日渐增多，市场交易活跃，这时在市场上公开认购的股票很少。1993 年和 1994 年两年，俄罗斯建立股份公司 2.34 万个，发行股票 18.24 亿股。其中在企业职工中分配 7.82 亿股，占 42.9%；社会公众购买2.53 亿股，占 13.9%；留在国家手中 7.82 亿股，占 42.9%。市场的无序发展损害了投资者的利益。截至 1994 年 9 月，俄罗斯共有 32 757 家国有企业被改造成股份公司，其中 16 000 多家实现了私有化。

伴随着股票市场的繁荣，俄罗斯的交易场所数量也逐渐增长。据统计，1996年在俄罗斯从事证券交易的交易所有258家，其中223家为专业证券交易所，另外35家为综合性交易所，这些交易场所除证券交易外还从事其他金融产品或实物商品交易。整体而言，俄罗斯的证券市场基础设施在这一阶段获得了一定的发展，建立起交易、清算和托管体系。

企业的私有化仅仅解决了所有权问题，企业的生产效率未能得到实质提升，这使得很多公司股价下跌。在这一背景下，俄罗斯政府开始对证券市场进行干预，1996年7月，俄罗斯总统批准了《俄罗斯联邦发展有价证券市场的基本思想》。该文件系统地阐述了俄罗斯发展有价证券市场的基本政策和原则立场，随后进行了清理整顿措施。

经过有效的治理整顿，俄罗斯证券市场的面貌得以明显改善。2000—2006年，俄罗斯国内政局稳定，国民经济连续6年持续增长。这为俄罗斯证券市场的发展提供了良好的外部环境。与此同时，国际能源需求旺盛，促使能源价格屡创新高，使得俄罗斯的能源类企业效益大增，俄罗斯证券市场开始恢复景气。

作为国民经济晴雨表的证券市场从1999年开始自谷底快速上升。当时，俄罗斯三大证券交易场所——莫斯科银行间外汇交易所、俄罗斯交易系统和莫斯科证券交易所的证券交易金额都大幅上升。这一发展势头在 21 世纪初得到了延续。2003 年，莫斯科银行间外汇交易所综合交易额为 2 810 亿美元。其中，股票交易额首次接近 700 亿美元，比上年增长了将近 80%；股票总市值从 2002 年的不足 800 亿美元提高到 1 500 亿美元，增幅达 88%；国债交易额（包括回购）达 360 亿美元；企业债券一级市场发行量达 26 亿美元，远远超过以往的任何一年，二级市场交易额达 126 亿美元。作为俄罗斯证券市场重要指标之一的俄罗斯交易系统证券指数在 2003 年也获得了相当可观的升幅，12 个月内累计升幅达 57.3%。截至 2005 年年底，莫斯科银行间外汇交易所指数上涨了 83%，综合交易额达到了创纪录的 9 250 亿美元，比上年的 5 480 亿美元增长了 69%，其中股票交易额 2 260 亿美元，同比增长 126%，具有变现能力的上市公司接近 170 家。当年有 126 家企业在证券市场成功发行了总额为 90 亿美元的融资债券，二级市场交易额达到 530 亿美元，国债市场交易额（含回购）达 1 010 亿美元，均获得成倍增长。

发展到现在，俄罗斯的金融市场取得了不错的成就。根据中国社会科学院世界经济与政治研究所发布的《全球金融竞争力报告 2021》，俄罗斯金融竞争力排名占全球第 25，金融竞争力分值 22.9，是"一带一路"沿线国家中排名最靠前的国家。

目前，俄罗斯有两大股票交易所，分别是俄罗斯圣彼得堡证券交易所(以下简称"圣彼得堡交易所")和莫斯科证券交易所(以下简称"莫斯科交易所")。其中，圣彼得堡交易所于1991年1月成立，是俄罗斯历史最悠久的交易所，在商品市场、证券市场、期货和期权合约市场以及进行拍卖和招标方面拥有丰富的经验。表3-6展示了圣彼得堡交易所的发展历史。具体而言，目前圣彼得堡交易所交易的产品种类包括：水生生物资源及其加工产品；液化烃气体和凝析油；贵金属和宝石；木材和木制品；矿物原料；石油和石油产品；农工综合体的产品；机械制造产品；化学工业产品；工业设备；农产品；建筑材料；纸浆和造纸工业的原材料；普通消费品；医药产品；有色金属和合金；黑色金属；等等。

表3-6　圣彼得堡交易所发展历史

时间	事件
1994年	期货合约市场开始在圣彼得堡交易所运作
1995年	期权在圣彼得堡交易所上市流通
1997年	按照联邦《证券市场法》的要求，圣彼得堡交易所电子平台在圣彼得堡交易所股票部的基础上成立，是俄罗斯联邦政府授权交易俄罗斯天然气公司(OAO Gazprom)股票的平台，也是圣彼得堡政府授权交易城市债券的交易系统。同年，交易所衍生品市场开通了电子交易系统，期货合约开始在该市场进行交易。电子交易系统中的交易期权于1999年1月开始上市
2001年	建立RTS证券交易所和圣彼得堡交易所单一衍生品市场协议
2010年	圣彼得堡交易所在布里亚特首都乌兰乌德开设了区域代表处
2013年	圣彼得堡交易所与外汇公司协会"场外金融工具和技术监管中心"签署了合作备忘录。卢克石油公司进入交易所进行石油产品交易

续表

时间	事件
2017 年	基里什炼油厂开始在圣彼得堡交易所交易石油产品。俄罗斯首次在矿物原料(琥珀)市场和水生生物资源市场进行外汇出口交易
2018 年	作为与俄罗斯联邦组成实体(阿尔汉格尔斯克州、诺夫哥罗德州和滨海边疆区)签订的合作协议的一部分,圣彼得堡交易所首次拍卖木材和木材产品。圣彼得堡交易所成功变更清算组织。圣彼得堡交易所股份公司建立了一种机制,第一批贵金属废料交易参与者已注册

莫斯科交易所同样是俄罗斯最重要的金融交易平台之一。莫斯科交易所于 2011 年 12 月由莫斯科银行间外汇交易所与俄罗斯交易系统合并成立,合并后的垂直整合结构为交易所有主要类别的资产提供了机会。莫斯科交易所于 2013 年 2 月 15 日在自己的交易大厅首次公开发行股票。它是一个涵盖主要资产类别、垂直整合的公开交易市场,业务涵盖股票、债券、外汇、货币市场工具、衍生品和大宗商品等。经过十余年的发展,莫斯科交易所已逐步发展成为俄罗斯金融市场交易最为集中的场所,同时也是俄罗斯最大的清算服务提供商。

莫斯科交易所主要包括五大市场。一是证券市场,莫斯科交易所的证券市场部门按技术和允许交易的工具类型分为两个关键市场,即股票市场和债券市场。市场交易股票、联邦贷款债券(OFZ)、地区和公司债券、欧洲债券、存托凭证、共同基金、抵押证书和交易所交易基金(ETF)。股票采用"T+2"技术结算（交易完成后的第二天）。二是衍生品市场，期货和期权合约在衍生品市场交易，该市场由股票、外汇和商品衍生品合约组成，主要交易指数期货合约（莫斯科交易所指数、RTS 指数、RVI 波动率指数）；俄罗斯和外国股票期货、联邦贷款债券和欧洲债券、货币对、利率；贵金属（金、银、铂、钯、铜）合约；石油和糖期货合约；等等。三是外汇市场。外汇交易在 UTS 系统下进行操作，这是一个完全电子化的交易系统，将区域技术中心联合起来。四是货币市场，货币市场交易分为两个部分：政府证券和货币市场工具的回购，以及股票和债券的回购。具体交易的币种有美元（USD）、欧元（EUR）、人民币（CNY）、英镑（GBP）、港元（HKD）、乌克兰格里夫纳（UAH）、哈萨克斯坦坚戈（KZT）和白俄罗斯卢布（BYR）。主要货币对是美元/卢布和欧元/卢布。五是商品市场，受监管的商品市场由国家商品交易所运营。

在五大市场中，莫斯科交易所的核心业务集中在股票和债券市场的交易，而这两个市场也分别是独联体和中东欧最大的股票和债券市场，这使得莫斯科交易所成为全球前 30 大证券交易所之一。

股票市场是莫斯科交易所的流动性中心，也是国际贸易参与者的主要交易场所。该市场占俄罗斯证券市场股票成交量的 80% 以上，占债券交易量的 99% 以上。在该市场，每天约有 700 家俄罗斯发行人所发行的 1 400 多种证券可供交易。它们包括由本国发行人发行的股票和俄罗斯存托凭证，公司债券，政府债券（联邦贷款债券、欧元债券），地方政府债券（次联邦单位债券、市政债券），共同基金市场工具，抵押贷款支持证券，以及由外国发行人发行的股票和存托凭证、债券、交易所买卖基金等。截至 2021 年年底，莫斯科交易所的股票市场的总市值为628.2 万亿卢布。

三、印度的金融发展历史

印度地处北半球，面积约为 298 万平方千米，人口超过14 亿，是南亚地区最大的国家。自 1947 年英国在印度的统治宣告结束以来，印度走向了独立自主的道路，但是仍旧延续了英国人留下来的金融制度。

（一）印度的银行业发展

与中国相比，印度的银行业发展水平仍存在较大差距，这主要体现在城乡发展的不平衡性。由于印度城镇化率仅有不到35％，约为中国的一半，印度的银行业务覆盖率远低于中国。此外，印度银行业的不良贷款率也较高，印度联邦储备银行的数据显示，印度银行的不良贷款率在 2018 年达到 11％，位居全球第一，虽然不良贷款率在 2020 年下降到了 8.2％，但远高于中国同期的 1.8％。印度的国民储蓄也不足以支撑长期可持续的经济增长，2021 年印度的总储蓄率仅为 28％，相比十年前下跌了近 9％，而中国的储蓄率将近 45％。值得一提的是，印度银行的资本充足率较高，2020 年 12 月显示的数据为 15.6％，高于中国同期的 14.5％。较高的资本充足率使得即便在不良贷款率较高的情况下，印度仍能保持相对稳健的银行体系。

近年来，印度的银行业呈现高速发展的趋势，银行的存贷款总额数十年来稳步上升（见图 3-3）。截至 2021 年年末，印度商业银行的存贷款总额分别为 154.4 万亿卢比和 110.8 万亿卢比，存贷款额占 GDP 的比重分别为 78％和 56％。如图 3-4 所示，印度商业银行的分支机构数量也逐年增加，2021 年印度商业银行分支机构总数为 15.45 万个，是 2000 年的 2.36 倍。值

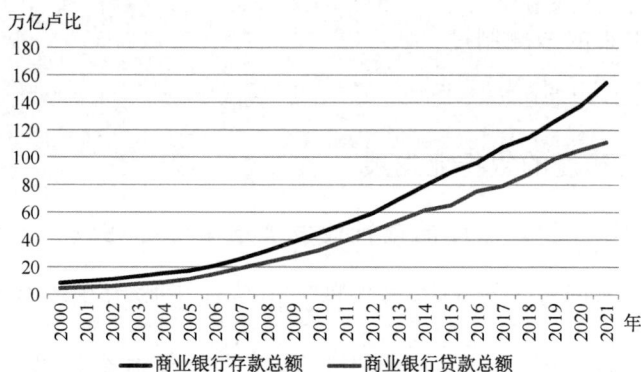

图 3-3　印度商业银行的存贷款总额

数据来源：CEIC 数据库。

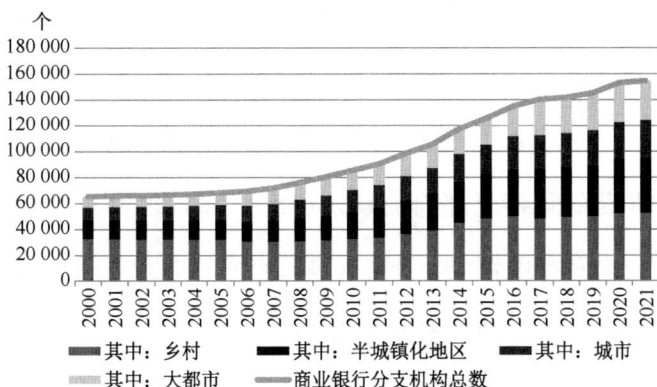

图 3-4 印度商业银行分支机构数量统计

数据来源：CEIC 数据库。

得一提的是，银行分支机构数量上升最快的是超级大都市和城市地区，而落后偏远的农村地区近二十年来并未能享受更高的银行覆盖率和更便捷的商业银行服务，印度银行业并未对包容性增长做出贡献。

(二)印度的证券市场发展

1887 年，印度第一个股票交易所成立于孟买，在此之后各大城市相继也成立了交易所。第二次世界大战期间，印度的证券市场比较活跃，证券交易所从 1937 年的 7 家增长到 1945 年的 21 家，但是大部分交易都集中在孟买交易所。到了 1995 年，印度政府正式批准的交易所已经有 23 个，国内各类证券交易机构 7 000 家。

印度证券交易管理局成立于 1988 年。由于缺乏有效的立法权，该机构的监管力度不强。1992 年，印度政府对证券交易立法和管理进行了改革，政府通过议会立法，赋予证券交易管理局广泛的执法手段，使其成为印度证券交易活动的权力机关。为了促进资金向各个部门流动，印度证券管理委员会放松了对债券和股票发行的限制。同年，印度政府开始实施证券市场开放政策，向外国公司开放股票市场，允许其购买当地公司发行的股票。1996 年，已经有 600 多家外商投资企业进入印度股票市场，这些外商企业所购买的证券总量达到 26 亿美元。当时，印度全国股票交易所达 23 家，上市公司有 6 700 家，上市股票价值 900 多亿美元，股民约 1 500 万人，证券种类达 3 100 多种，交易总额为 1 400 多亿卢比。孟买证券交易所是印度最大的交易所，上市股票价值 550 亿美元，日交易量 5 000 万美元，占全国交易量的 70%。近年来，印度证券市场发展较快，2020 年印度上市公司总市值达到了 3.079 万亿美元，占国内生产总值的比重达到 97.6%，超过中国的 83%。值得一提的是，印度上市公司股票市盈率在近年来长期保持在 24 左右，高于世界上绝大多数国家。

目前，印度证券交易所市场由全国性证券交易所、地区性交易所和场外交易市场三个层级的 23 家交易所组成，其中全国性交易所 2 家，地区性交易所 21 家。两大全国性证券交易所为孟买证券交易所（Bombay stock exchange，BSE）和印度国家证

券交易所（national stock exchange of India，NSE）。截至
2019 年年末，孟买证券交易所与印度国家证券交易所总市值分
别为 2.18 万亿美元与 2.16 万亿美元，分列全球交易所第 11 位
与第 12 位。截至 2020 年 11 月 10 日，孟买证券交易所和印度
国家证券交易所分别有上市股票 4 111 只和 1 896 只。其中，印
度国家证券交易所成立于 1992 年，它于 1993 年 4 月被印度证
监会认可为证券交易所，并于 1994 年随着批发债务市场的推出
而开始运营，随后不久又推出了现金市场部分，表 3-7 是印度
国家证券交易所的发展历史。

表 3-7 印度国家证券交易所的发展历史

时间	事件
1993—1994 年	推出股权和批发债务市场；开始电子或基于屏幕的交易
1995—1996 年	创建和管理结算基金；推出 Nifty 50 指数，开始非物质化证券的交易和结算
1997—1998 年	成立子公司 NSE Indices Limited，与 CRISIL Limited 合资经营指数业务
1998—1999 年	成立全资子公司 NSE. IT，提供端到端技术解决方案，包括应用服务、基础设施服务、分析服务和信息技术支持服务
1999—2000 年	成立全资附属公司 NSE Data & Analytics Limited，并整合旗下的数据及资讯贩卖业务
2000—2001 年	推出基于 Nifty 50 index(当时称为 S&P CNX Nifty)的指数期权进行交易；推出个股期货及期权上市证券
2001—2002 年	推出 ETF 上市
2004—2005 年	推出 Nifty 银行指数衍生品
2005—2006 年	成立全资子公司 Infotech，从事信息技术研发

时间	事件
2007—2008 年	成为印度第一家提供货币期货交易的交易所；推出证券借贷计划（SLBS）；推出 Now 网络交易平台
2008—2009 年	推出互惠基金服务系统（MFSS）
2009—2010 年	推出适用于移动设备的 Now 平台；推出货币期权交易
2010—2011 年	开始交易全球指数的指数期货和期权，即标准普尔 500 指数和道琼斯工业平均指数
2011—2012 年	开始交易富时 100 指数的指数期货和期权合约；推出中小企业专用的 EMERGE 平台，用于中小企业证券上市和交易
2013—2014 年	推出互惠基金 NMF-II 平台；推出利率期货 NBF II 板块
2014—2015 年	与伦敦证券交易所集团签署谅解备忘录；将 CNX Nifty 重命名为 Nifty 50
2015—2016 年	在 TAIFEX 推出 Nifty 50 指数期货交易；推出主权黄金债券发行平台
2016—2017 年	在古吉拉特邦首府推广印度第一个 IFSC 经济特区的国际证券交易所 NSE IFSC
2017—2018 年	推出非 FCY-INR 货币对的货币衍生品；推出 NIFTY SME EMERGE 指数、72 个固定收益指数和 3 个混合指数
2018—2019 年	推出商品衍生品板块、面向政府证券的 goBidMobile 应用程序和企业债务证券的三方回购；推出了 Nifty 50 的每周选项
2019—2020 年	推出印度政府债券利率期权；NSE 被世界证券交易所联合会宣布为 2019 年全球最大的衍生品交易所

孟买证券交易所于 1875 年成立，是亚洲第一家证券交易所。孟买证券交易所的诞生与发展伴随着印度股票市场的萌芽与成长。19 世纪 30 年代至 50 年代中期，印度经济重镇孟买逐渐形成了股票交易市场，但彼时经纪商却寥寥无几。19 世纪 50 年代后

期,一个由 22 名股票经纪人组成的非正式团体开始在孟买市政厅对面的一棵榕树下进行交易。1860 年,这一团体中的经纪商增至 60 家。在美国内战爆发后,欧洲对印度棉花的需求剧增,大大刺激了印度的证券市场,经纪商进一步增加到 250 家。这一组织,也就是本地股票经纪人协会(native share and stock brokers' association),在 1875 年正式更名为孟买证券交易所。1992 年,在著名的哈沙德·梅塔丑闻曝光后,孟买证券交易所因其低效、不透明的经纪人制度以及消极的危机处理方式逐渐失去了投资者的信任。同时,孟买证券交易所对改革的消极态度也促使印度政府痛下决心,进而推动交易所行业改革,成立国家交易所。

截至 2022 年 4 月,孟买证券交易所拥有上市公司总数 4 790 家,加上其他上市实体,共有上市实体总数 5 302 家,其主要交易的产品包括股票、债券、ETF、货币衍生品、利率衍生品、商品衍生品、股票衍生品等。BSE SME 是印度最大的中小企业平台,已有超过 250 家上市公司,且数量在稳步增长。BSE Star MF 是印度最大的在线共同基金平台,每月处理超过 270 万笔交易,每月新增近 20 万笔系统投资计划(SIP)。表 3-8 展示孟买证券交易所的发展历史。

表 3-8　孟买证券交易所的发展历史

时间	事件
1875 年 7 月 9 日	本地股票经纪人协会成立
1921 年 2 月 2 日	印度银行成立清算所

续表

时间	事件
1957 年 8 月 31 日	交易所根据证券合同(监管)法(SCRA)获得永久认可
1986 年 1 月 2 日	S&P BSE SENSEX，全国首个股票指数推出
1987 年 7 月 10 日	投资者保护基金(IPF)推出
1989 年 1 月 3 日	BSE 培训学院(BTI)成立
1992 年 5 月 1 日	SEBI 法案成立(保护、发展和规范证券市场的法案)
1992 年 5 月 29 日	资本问题(控制)法被废除
1995 年 3 月 14 日	引入 BSE 在线交易(BOLT)系统
1996 年 8 月 19 日	标准普尔 BSE SENSEX 首次重大改造
1997 年 5 月 12 日	引入贸易担保基金(TGF)
1999 年 3 月 22 日	印度中央存管服务公司(CDSL)与其他金融机构成立
2000 年 6 月 9 日	引入股票衍生品
2001 年 6 月 1 日	推出指数期权
2001 年 6 月 4 日	推出标准普尔 BSE PSU 指数
2001 年 7 月 9 日	推出股票期权
2002 年 2 月 15 日	建立协商交易系统(NDS)
2003 年 6 月 1 日	推出 Bankex
2005 年 8 月 8 日	成立孟买证券交易所有限公司
2006 年 2 月 7 日	标普 BSE SENSEX 收于 10 000 点以上
2006 年 11 月 2 日	iShares S&P BSE SENSEX India Tracker 在中国香港联交所上市
2008 年 10 月 1 日	引入货币衍生品
2009 年 8 月 24 日	标准普尔 BSE IPO 指数推出
2012 年 3 月 13 日	推出 BSE 中小企业交易平台
2013 年 11 月 28 日	推出货币衍生品

续表

时间	事件
2014 年 1 月 28 日	推出利率期货(BSE-IRF)
2017 年 2 月 3 日	孟买证券交易所成为印度第一家上市证券交易所
2018 年 5 月 16 日	孟买证券交易所成为印度第一家被美国证券交易委员会认可为指定离岸证券市场的交易所
2019 年 8 月 26 日	孟买证券交易所推出印度首个交易所交易利率期权
2020 年 6 月 11 日	孟买证券交易所成为印度首家引入并采用印度黄金和白银良好交割标准的交易所

目前，孟买证券交易所是印度资金筹措效率最高的交易所，其主要通过 OFS 平台、OTB 平台和债券平台来帮助企业筹集资金。其中，OFS 是交易所为上市公司提供的一种稀释其股权的机制。这种机制以一种透明的方式让更广泛的投资者参与，OTB 是为上市公司提供回购、收购和退市服务的窗口。孟买证券交易所在 OFS 和 OTB 上均占有绝对的市场份额。此外，它在印度的债券市场也占有较大的市场比例。

四、以色列的金融发展历史

全社会层面，以色列承认市场在配置资源方面的缺陷。政府部门认为经济利益和国家发展的整体利益往往是矛盾的，有必要由政府出面来影响资源的配置，而信贷通常是促进资源流动最主要的工具，所以政府应当引导信贷的方向。受这些思想的支配，以色列政府在 1985 年以前采取了一系列干预和管制金融市场的措施，比如，严格限制私人企业通过发行证券直接融资。在这种情况下，虽然早在 20 世纪 50 年代初特拉维夫证券交易所（TASE）就已经正式组建了，但直到 20 世纪 70 年代以前，以色列的资本市场很不发达，结构也极不合理，资本市场主要围绕政府债券来运转，股票的交易量非常少。此外，以色列政府几乎把所有长期社会储蓄资金，特别是机构退休金储蓄（包括养老基金等）统筹纳入财政预算渠道。根据政府的有关规定，养老基金、人寿保险基金、培训基金等必须投资于利率比较高的政府债券。政府利用发行这些债券所筹集的资金，一部分用于弥补财政赤字，另一部分作为财政投资基金。中央银行对商业银行的中长期储蓄资金规定了 60%～80% 的准备金率，因此，商业银行所吸收的储蓄资金大部分也被政府掌握。

同时，以色列政府同大多数发展中国家一样，在经济发展过程中都曾经采用过固定汇率制。20 世纪 80 年代以前，虽然以色列的汇率政策几经变动，但在多数时间内，汇率不反映外汇市场的供求状况。事实上，从 1948 年建国直到 1977 年 10 月，以色列的汇率一直由官方确定。特别是在 1975 年 8 月以前，汇率长期固定不动，本国货币每过好几年才会贬值一次。

1975 年 8 月至 1977 年 10 月，本国货币的贬值相对频繁了一些。1977 年 10 月，以色列开始采用对美元的浮动汇率制，在1985 年经济稳定工程后，又回归对美元的固定汇率。从 1986 年8 月 1 日起，以色列采用相对比较稳定的钉住一篮子货币的汇率制，货币篮子根据以色列主要贸易伙伴国的货币加权平均计算而成。

在经济发展的初期阶段，以色列政府使用行政或经济手段干预金融市场。集中筹集和使用资金，优先发展一些重点产业，对促进经济发展具有一定的积极意义。事实上，20 世纪 50 年代到 70 年代初是以色列经济发展最快的时期，以色列政府一直将农业作为重点产业，在资金投入等方面进行扶持，从而使农业生产在严重缺水和土地极为贫瘠的不利条件下，取得了举世瞩目的成就。目前，以色列农业的机械化、自动化水平和农业生产率都处于世界领先地位。

1985 年，实施经济稳定工程后，以色列政府开始进行全面的经济改革，金融改革是整个改革的一个重点。金融改革的目的在于逐步减少政府干预金融市场运作的范围，逐步实现市场的自由调节。至 20 世纪 90 年代末，经过 10 多年的金融改革，以色列的证券市场日趋活跃，资本的流动性和金融机构的效率不断提高，经济发展日渐稳定和成熟。与金融改革前夕的1983 年相比较，1997 年，以色列公共部门的赤字占国内生产总值的比例从 88％下降为 36％，外债占国内生产总值的比例从 80％下降为 18.7％，而国内生产总值从 25 亿美元增长到了约 100 亿美元。

改革后的以色列金融市场也经受住了一些严峻的考验。 1997 年，东南亚爆发金融危机，波及面很广，但以色列经济基本上没有受到特别大的影响。事实上，那几年以色列货币的币值从总体上说是比较稳定的，汇率的波动幅度也没有超出预定的范围；同时，通货膨胀率一直维持在 8％左右，相对于 20 世纪 70 年代中期以前年均两位数的通货膨胀率，特别是相对于 1977—1984 年年均三位数的通货膨胀率，这已经是历史最高水平了。

以色列特拉维夫证券交易所于 1953 年 9 月在以色列成立，表 3-9、表 3-10 呈现了交易所的发展历史和上市公司基本情况。该交易所在以色列经济中发挥着核心作用，并提供对经济增长至关重要的市场基础设施。它是以色列唯一的证券交易所，交易的证券和衍生品主要包括股票、公司债券、政府债券、国库券、ETF、可转换证券、单一股票期权、股票指数期权和期货，以及外汇汇率期权和期货。通过其连续交易 TACT 系统，交易完全自动化、订单驱动、实时和连续。近 10 年来，特拉维夫证券交易所的市场日交易量逐年上升，上市公司数量在 2000 年达到 665 家的峰值，之后开始逐年下降。截至 2021 年年末，上市公司有 541 家。

表 3-9 以色列特拉维夫证券交易所的发展历史

时间	事件
1935 年	英巴银行(后来成为国民银行)于 1935 年成立了证券交易局。该交易局作为一个小型证券交易所,每天交易一小时,按照规则进行交易
1966 年	建立特拉维夫证券交易所清算所
1968 年	颁布了《证券法》,该法首次对贸易和证券交易所活动进行了监管,并成立了以色列证券管理局。该法律采用了美国和英国接受的监管原则,这些原则侧重于要求上市公司履行适当披露义务。以色列证券管理局的作用被定义为维护投资公众的利益,同时维持适当、公平的交易和证券交易所活动
1991 年	运行了计算机化拍卖系统,首次实现了计算机交易
1993 年	推出了第一次 TA-25 指数期权交易,一年后开始了美元汇率期权交易
1997 年	推出了连续交易系统(TACT-特拉维夫连续交易),用于证券的连续和计算机化交易
1999 年	实现交易系统的完全自动化,对 TASE 上市的所有证券都使用连续交易系统
2000 年	以色列议会批准了《证券法》第 21 号修正案,该修正案使在美国上市的公司更容易在特拉维夫上市交易("双重上市")。2005 年,双重上市扩大到在伦敦证券交易所和纳斯达克小型股上市的公司。2018 年,中国香港、新加坡和多伦多也加入了双重上市
2005 年	做市商开始在特拉维夫证券交易所进行运作
2017 年	议会批准了《证券法》修正案,允许改变 TASE 的所有权结构
2019 年	特拉维夫证券交易所于 2019 年 7 月底首次公开募股,向外国和以色列机构投资者以及公众发行了 31.7% 的股份

表 3-10 特拉维夫证券交易所上市公司基本情况

时间	日交易量/百万美元	融资额/十亿美元	市值/十亿美元	上市公司数量
1992 年	59	2.1	29.6	378
2000 年	115	3.3	66.7	665
2017 年	390	4.0	231.0	457
2018 年	391	2.5	188.9	448
2019 年	365	4.5	237.2	442
2020 年	540	7.2	262.0	455
2021 年	581	9.1	361.6	541

五、波兰的金融发展历史

波兰自 1989 年开始推行市场经济变革,不断推进经济自由化。转轨进程中,波兰的经济增长可分四个阶段:一是 1990—1991 年"休克疗法"时期的急剧下降阶段;二是 1992—1993 年的停止下降和恢复增长阶段;三是 1994—1997 年的快速增长阶段;四是 1998 年至今的增长减缓阶段。目前,波兰已被世界银行列为欧洲第八大经济体,这主要归功于其出口导向型的私营经济部门。波兰的旅游业、金融业和能源业增长迅速,传统的化工和纺织产品出口在波兰经济中仍然保持强势地位。

1991 年,波兰资本市场建立。在构建波兰资本市场体系的时候,政府借鉴了其他一些发达国家的经验,特别是美国、法国的经验，因此波兰资本市场具备几个特征，即高度监管、高度透明、证券虚拟化。此外，波兰证券上市交易的法律框架也是以美国和欧盟法规条例为基础的。因此，波兰证券交易的法规条例与某些发达国家的非常相似。

在波兰，金融业按银行、证券、保险实行分业监管。银行业的监管由银行监管委员会负责。银行监管委员会的主席法定地由波兰国民银行行长兼任。银行监管的执行机构是挂靠在波兰国民银行内部的、独立的银行监管总局。银行监管委员会拥有市场准入和撤销许可证的审核权力。证券业的监管由证券交易委员会负责。华沙股票市场是一个自律性组织。证监会享有单独授予和取消经纪人、投资顾问、共同基金和场外交易者的经营权，股票交易所要经过首相的许可。保险业的监管由国家保险监管办公室负责，而退休基金由退休基金管理局监管。财政部长掌握赋予或撤销保险业许可证的权力，在这一点上，国家保险监管办公室只能给予建议。而其他方面，国家保险监管办公室却享有高度的自主权。退休基金管理局负责监管养老金资金来源和计划，同时独家拥有赋予或撤销许可证的权力。

六、哈萨克斯坦的金融发展历史

哈萨克斯坦的金融系统由银行业主导，养老金融次之，保险业和证券业整体规模较小。银行业分为两个等级。第一级为中央银行哈萨克斯坦国家银行（national bank of kazakhstan, NBK），承担宏观货币政策制定与执行和金融监管等职责，后项职责在 2020 年由新成立的金融市场监管与发展局行使。第二级则包括 27 家商业银行和 7 家从事特定类型银行业务的机构，包括 3 家抵押贷款机构。哈萨克斯坦政府 2013 年开始逐步将10 家私有养老金基金国有化，并于 2014 年成立了统一养老储蓄基金，该养老金资产规模目前在金融系统占比已达 26%。哈萨克斯坦资本市场整体交易量较小，交易所主要交易品种有外汇、政府债券、股票、公司债等。

长期以来，哈萨克斯坦高度重视引进外资。据哈萨克斯坦央行统计，2019 年，哈萨克斯坦吸引外商直接投资总流入额为243.41 亿美元，占 GDP 的 13.4%。截至 2020 年年初，哈萨克斯坦主要外债来源国为荷兰、美国、英国、中国、法国、俄罗斯等，外资投资领域集中于采矿业和冶金业。为了加大外资吸引力度，哈萨克斯坦在首都阿斯塔纳建立了阿斯塔纳国际金融中心，为外商投资提供现代化的金融基础设施、适用英国法律体系及税收优惠等便利条件。

中国是哈萨克斯坦的第二大贸易伙伴国。哈萨克斯坦央行数据显示，截至 2020 年 1 月 1 日，中国居哈萨克斯坦对外负债来源国的第 4 位。同时，行业分布可以看出，荷兰等多数国家在哈萨克斯坦的投资集中在采矿业，而中国在哈萨克斯坦的产业分布更为均衡，主要包括交通运输和仓储业（26.01%）、制造业（16.77%）、采矿业（15.92%）、建筑业（12.99%）、批发与零售（10.05%）等领域。

哈萨克斯坦经济在逐步向市场经济过渡的发展过程中，金融改革是改革的重要组成部分。哈萨克斯坦针对银行的改革开始于 1995 年。1996 年 12 月，中央银行宣布了全国的银行要向国际标准过渡的改革措施，并以此为契机，开始逐步加强对二级银行的管理。2000 年以后，为促进哈萨克斯坦银行业的健康发展，哈萨克斯坦央行采取了包括提高银行资本金最低限额、采用国际会计标准等措施，对银行业进行了整顿。金融危机前，哈萨克斯坦商业银行大幅扩张，2004 年至 2006 年商业银行的外债规模以每年 111% 的速度增长，到 2007 年时达到顶峰，总额 470 亿美元。

哈萨克斯坦于 1993 年 11 月 15 日开始发行本国货币坚戈。最初设计了两种货币单位——"坚戈"和"季恩"，1 坚戈等于 100 季恩。后来，因季恩币值不实用，退出了流通。现在市面上流通的哈萨克斯坦本币只有单位为坚戈、面值从 1 到 10 000 不等的纸币和硬币。坚戈刚开始发行时，哈萨克斯坦经济正处于动荡之中，坚戈与美元的兑换率为 47 坚戈兑 1 美元，后来被政府人为干预为 20 坚戈兑 1 美元。坚戈发行以来，汇率最低时曾达到

155.53 坚戈兑 1 美元(2003 年 1 月),后来上升至 118.13(2006 年 7 月)。2007 年、2008 年这两年,坚戈汇率基本稳定在 120 左右。受金融危机影响,2009 年 2 月 4 日,哈萨克斯坦中央银行宣布放弃汇率干预政策,坚戈汇率当日从 122.32 下跌至 143.98 兑 1 美元,贬值 17.7%。至 2009 年 12 月,坚戈汇率稳定在了 150 左右兑 1 美元的水平。2011 年,坚戈兑美元平均汇率为 146.62 坚戈/美元。此后直到 2015 年上半年,坚戈兑美元汇率稳定在 170 至 190 之间。2015 年 7 月以后,受国内外经济形势的影响,坚戈进入贬值通道,2015 年 8 月,哈萨克斯坦政府宣布放弃对坚戈兑美元的波动幅度的限制,坚戈迅速贬值。

哈萨克斯坦银行信贷市场发展较快。企业和个人可以以不动产或其他实物作为抵押进行融资,贷款金额一般为抵押物价值的 50%～60%。除"抵押"这一首要条件外,银行还要求借款人提供税务局出具的纳税证明、其他银行出具的信用证明等,银行还需要调查企业的资金来源、产品销路等经营情况进行融资风险评估。

哈萨克斯坦证券交易所(KASE)的交易品种涵盖了股票、债券、货币、外汇和衍生品。其中,股票市场的发行人包括哈萨克斯坦本国公司和外国公司,还有全球存托凭证产品。债券市场的金融产品包括政府债、央行票据和企业债。货币市场以回购产品为主。外汇市场支持坚戈与美元、卢布、人民币和欧元的现货交易。衍生品市场基础证券为哈萨克斯坦国内公司股票，还有基于交易所 KASE 指数编制的衍生品。截至 2019 年 7 月，在哈萨克斯坦交易所上市公司总数达到 123 家。交易所总市值为 414 亿美元。2018 年全年，哈萨克斯坦股票市场的交易总额为 15.3 亿美元。从交易品种来看，交易主要证券为政府证券，其次为公司债券。表 3-11 回顾了哈萨克斯坦证券交易所的发展历史。

表 3-11　哈萨克斯坦证券交易所的发展历史

时间	事件
1993 年	成立了一个名为"哈萨克斯坦银行间货币兑换处"的机构，主要任务是引入坚戈
1996 年	更名为哈萨克斯坦证券交易所；从哈萨克斯坦国家证券委员会获得证券交易运营的无限制许可证；开始进行衍生品交易
1997 年	开始交易上市公司股票、国有股以及非上市证券
1998 年	推出直接交易系统，哈萨克斯坦主权欧元债券上市交易
1999 年	市政债券和上市债券开始上市交易
2000 年	推出一系列哈萨克斯坦银行间存款市场指标，同时首次发行公司债券
2001 年	启动国际金融机构债券市场；推出一系列公司债券指标
2002 年	开始交易汇票，推进公司证券的自动回购市场
2003 年	推出在线交易系统
2005 年	发行长期政府债券，其票面利率按照通货膨胀指数化
2006 年	外国公司债券第一次上市交易
2007 年	在股票市场上推出新指数——KASE 指数

时间	事件
2008年	黄金期货交易首次上市；推出货币掉期市场
2009年	制定并实施新《上市规则》
2010年	推出回购交易市场的新指标TWINA，在衍生品市场上运用新的风险管理系统
2016年	首次发行商业债券
2017年	引入单一报价系统，用于股票市场上的订单和交易的保证金

第四章 | "一带一路"沿线国家经济金融
发展分析

　　"一带一路"是一个开放的国际合作网
络，近年来不断吸纳新的国家参与合作。截
至 2021 年 1 月，中国已与 171 个国家和国际
组织，签署了 205 份共建"一带一路"合作文
件。在进行学术研究和统计分析时，我们通
常选取较早与中国签署合作协议和备忘录的
64 个国家进行分析，这 64 个国家是与中国最
早建立"一带一路"合作协议、合作开展最为
广泛和深入的国家。这些"一带一路"沿线国
家涵盖了全球绝大多数发展中国家，与中国
共同占据了全球人口总量的 62%，而国内生

产总值(GDP)却只占全球 GDP 总量的 33%。[①] 平均来看,这些国家的人均 GDP 为 12 029 美元,略高于 11 433 美元的世界平均值。[②] 按照世界银行的标准,绝大多数"一带一路"沿线国家为中等收入国家,仅有为数不多的国家跻身发达国家行列,而深陷低收入泥潭的国家也仅有也门、阿富汗等饱受战乱的国家。[③] 事实上,若将与中国签署合作协议的国家和存在官方和民间"一带一路"相关项目合作的国家纳入分析范畴,"一带一路"沿线国家还将覆盖大部分非洲地区和拉丁美洲地区,其国际影响力和在发展中国家中的代表性将进一步提升。

为了更清晰地梳理"一带一路"沿线国家的发展特征,本章将从前文所列举的 64 个国家与中国入手,对各国的经济发展阶段、经济增长驱动力等基本经济事实做出概括性描述和分析。在此基础上,我们将研究视野放宽,对更广义的与中国签署合作协议的和存在"一带一路"经贸合作的国家(大部分为发展中国家)所面临的基本问题和发展前景进行归纳和展望。

---

① 数据来源为世界银行 WDI 数据库,此处选取 2019 年各沿线国家的现价美元 GDP,测算计算"一带一路"沿线国家的 GDP 总量占世界经济总量的权重。其中有部分国家数据缺失,包括叙利亚、巴勒斯坦等,但这些国家的经济总量与其他"一带一路"沿线国家相比较低,故对结果不存在显著影响。

② 数据来源为世界银行 WDI 数据库。

③ 此处借鉴世界银行以国民生产总值为标准,对世界各国收入水平进行的基本分类。按照 2021 年的最新标准,人均国民生产总值在 1 036 美元以下的为低收入国家,介于 1 036 美元和 4 045 美元之间的为中低收入国家,介于 4 046 和 12 535 之间的为中高收入国家,超过 12 536 美元的为高收入国家。

一、"一带一路"沿线国家的经济发展概况

"一带一路"沿线国家到底是否存在金融合作空间？在回答这个问题之前，我们有必要以 64 个"一带一路"沿线国家与中国为代表，认真审视这些国家的经济发展状况。

2021 年，"一带一路"沿线国家的人均国民生产总值(GNP)均值为 11 495 美元，该数据略低于世界平均值(11 566 美元)。按照世界银行的最新标准，这些国家绝大多数处于中等收入水平，其中，处于中高收入水平的国家有 25 个、处于中低收入水平的国家有 17 个。有 19 个国家已经达到高收入水平的标准，这些国家大多为中东产油国和传统工业国家。极少数国家仍处在经济发展水平极端落后的低收入水平国家之列，包括战乱频繁的也门、阿富汗等。

把"一带一路"沿线国家按地区划分，我们发现经济发展水平较高的国家大多分布在西亚北非和中东欧地区，这些地区的人均 GNP 均超过世界银行公布的高收入水平国家的基准线。在中东地区，不少国家均跻身高收入水平国家行列，包括几个主要产油国卡塔尔、阿联酋、科威特、沙特阿拉伯、巴林等，其中卡塔尔的人均 GNP 为"一带一路"沿线国家中的最高值，

2019 年高达 6.12 万美元。中东欧地区的国家大多为传统的工业强国,这些国家中很多进入了后工业化时期,如捷克、爱沙尼亚、波兰等。在"一带一路"沿线国家的 6 个分区中,经济发展水平较低是中亚和南亚地区。中亚地区包括 5 个内陆国家,它们 2019 年的人均 GNP 只有 3 926 美元(见表 4-1)。其中塔吉克斯坦由于基础设施建设条件落后、缺乏油气资源和经济增长点,长期处于较低的经济发展水平,2019 年人均 GNP 仅为 1 030 美元,成为为数不多的低收入"一带一路"国家。南亚国家的经济发展水平也十分落后,在 8 个"一带一路"沿线国家中,只有马尔代夫是中高收入水平的国家,其他国家均为中低收入水平或低收入水平。印度虽经济总量高达 2.87 万亿美元,在"一带一路"沿线国家中位居第二,但由于人口基数庞大,人均 GNP仅为 2 120 美元,在中低收入水平国家中仍处于较低的位置。在"一带一路"沿线国家中,除了缺乏统计资料的叙利亚,阿富汗是人均收入水平最低的国家,2019 年人均 GNP 仅为 530 美元。

表 4-1 "一带一路"沿线地区的基本经济情况

地区	人均 GNP /美元	GDP 总量 /亿美元	5 年平均 GDP 增速/%
中国	10 390	142 799	6.7
蒙俄	7 525	17 139	2.5
中亚	3 926	2 863	5.4
西亚北非	16 371	40 684	1.8
中东欧	12 827	20 027	3.2

续表

地区	人均 GNP /美元	GDP 总量 /亿美元	5 年平均 GDP 增速/%
东南亚	11 665	31 750	4.8
南亚	2 991	35 918	5.2
世界	11 566	877 346	2.8

数据来源：世界银行 WDI 数据库，作者测算。

值得一提的是，"一带一路"沿线国家的经济发展水平分化比较严重，最为富有的卡塔尔的人均 GNP 是最为贫穷的阿富汗的 115 倍，而如果按地区划分，不同地区的贫富分化严重程度不一。比如，西亚北非地区的区域内差异最为显著，卡塔尔的人均 GNP 是也门的 65 倍；而中东欧地区各国的发展就比较均衡，大多数国家为高收入或中高收入国家，经济发展水平最高的斯洛文尼亚人均 GNP 为 25 940 美元，而经济发展比较落后的乌克兰的人均 GNP 达到 3 370 美元。由此可见，在能源相对富庶的地区，各国充分依赖能源实现经济发展，而能源分布的不均也导致贫富分化的加剧，进而导致社会矛盾的加剧甚至地区冲突。然而，对于已经进入工业化甚至后工业化社会的地区，工业发展是具有辐射作用的，资本、劳动力等要素的自由流动会促进落后地区的经济发展，使得地区发展更加均衡。

总的来说，"一带一路"沿线国家在全球经济中正在扮演越来越重要的角色。图 4-1 展示了 64 个"一带一路"沿线国家与中国的经济总量所占的全球份额。如图 4-1 所示，2001 年，"一带一路"沿线国家仅占全球经济总量的 13.5％，而仅仅经过了 20 年的时间，这些经济体所占份额已经翻了接近 2.5 倍，高达 33.2％。当然，中国做出了最大的贡献，如果去除中国的影响，其余 64 个经济体在全球经济总量中所占份额则从 9.5％上升至 17％，尤其是在金融危机以前，发展中国家的经济增长显著快于发达国家。随着中国经济的迅速发展，很多周边国家加入中国的经济圈，推动开放合作，借中国的东风大力发展国内经济，这些亚洲地区的发展中国家逐渐成为引领全球经济增长的重要力量。

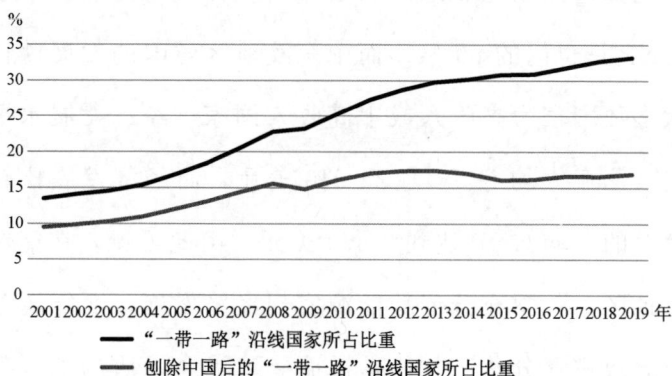

图 4-1　"一带一路"沿线国家的国内生产总值占全球比重

数据来源：WDI 数据库，作者测算。

我们将视角聚焦到"一带一路"沿线国家的经济增速（见图 4-2）。"一带一路"沿线国家的平均经济增速为 3.6％，这一数值高于全球平均增速 2.8％。"一带一路"合作有力地推动了基础设施的互联互通，激发了经济长期增长的潜力。而分地区来看，不同地

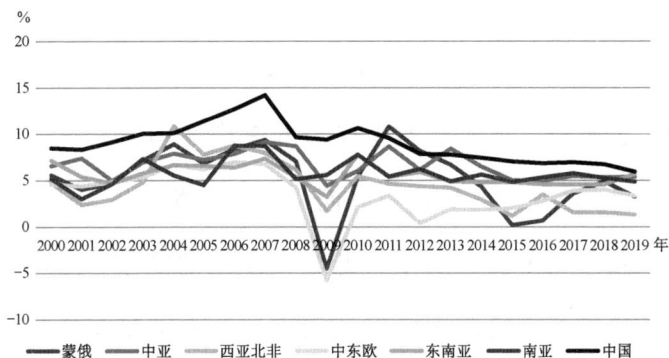

图 4-2 不同地区组的"一带一路"沿线国家的平均经济增速

数据来源：世界银行 WDI 数据库，作者测算。

区国家的经济增速却分化得比较严重。经济增长比较快的地区包括中亚、南亚、东南亚这几个亚洲板块，特别是中亚，近几年随着"一带一路"合作的深入，中亚五国与中国的经贸合作日益密切，多个重要基建项目推进，这显著地拉动了地区经济增长。以塔吉克斯坦这个中亚面积最小、经济发展水平最低的内陆多山国家为例，该国虽然油气资源不足，但银、铅、锌、铀等矿产资源储量却非常丰富。在"一带一路"倡议的推动下，越来越多的中资企业参与了塔吉克斯坦矿产资源的勘探、开采和冶炼加工。此外，塔吉克斯坦也积极引进外资，参与国内水电、道路交通等基础设施的开发建设。基础设施建设有效地推进改善了塔吉克斯坦与邻国的互联互通，保障了工业生产和居民用电的供应，极大地促进了经济增长和民生改善。最近五年来，塔吉克斯坦加快利用后发优势积极赶超，平均经济增速为 7％。

南亚和东南亚国家同样拥有较快的经济增速，南亚国家的五年平均增速为 5.2%，其中印度的年平均增速高达 6.7%。以菲律宾、越南、老挝、柬埔寨等为代表的东南亚国家，近五年的平均经济增速都超过 6%，这一方面是由于后发优势，这些国家的经济发展水平均不高，属于中低收入水平的国家，另一方面也是由开放所推动。低收入水平的国家往往有大量年轻优质的廉价劳动力，在打开国门后，这些劳动力参与了国际分工，在全球价值链的中低端制造业占据了比较优势，这大大推动了东南亚国家的经济增长。与这些由开放合作推动的高增长地区不同，其他"一带一路"地区近年来则缺乏强劲的增长动力，特别是西亚北非地区。这些国家五年平均增速仅为 1.8%，低于全球经济增速 1%。细究其原因，有两个因素不容忽视，一是政治动荡和战乱，二是能源依赖。在中东地区，也门、黎巴嫩等国家的经济都是负增长，也门的五年平均增速为－7.9%，陷入严重的经济衰退，而阿塞拜疆、伊朗、科威特等能源资源丰富的国家同样陷入增长停滞。这些国家大多经历了频繁的政治动荡，甚至战争，这些对经济增长造成的影响几乎是毁灭性的。而政局相对稳定的国家，包括卡塔尔、阿联酋、沙特阿拉伯等国同样处于低速增长的区间。当能源成为经济增长的支柱产业，一国的经济增长就显得十分脆弱而缺乏韧性。当全球需求不足、油价下跌，抑或是与主要国家或欧佩克关系出现问题时，这些国家的经济增长就不得不受到较大的干扰。

　　总的来说，经济发展水平较低的国家在过去数十年内的经济增速较快，存在比较明显的后发优势。如果将 2015—2019 年五年平均经济增速分成四个不同区间，分别是高速增长（经济增速超过 7％）、中速增长（经济增速在 4％～7％）、低速增长（经济增速不超过 4％）及负增长（经济增速低于 0）的国家，我们发现绝大多数国家处于中速或低速增长阶段，而经济增速实现中高速增长的国家，包括塔吉克斯坦、柬埔寨、孟加拉国、越南等，大多数收入水平并不高，且利用后发优势大力发展国际贸易，依赖出口贸易推动经济的快速增长。

　　由表 4-2 和图 4-3 我们可见，中低收入水平的国家在各个时间段都能实现较高的经济增速，且经济增长十分稳定，即便是金融危机期间，也能保持超过 4％ 的经济增速。而经济增长较低的国家，包括卡塔尔、以色列、斯洛文尼亚等，大多为高收入或中高收入国家，这些国家中有一半属于能源依赖型的国家，近年来全球经济增长的乏力和需求的不振制约了石油消费和石油价格，进而对这些国家的经济增长形成了负向冲击。另有一半低速增长的国家是中东欧的工业化国家，包括拉脱维亚、捷克、克罗地亚等，这些传统工业强国虽已步入高收入国家行列，但与其他欧洲发达国家相比，经济发展水平并不高，需要寻找新的增长点来实现经济的转型和发展。值得一提的是，并

表 4-2 经济增速的跨收入水平和跨区域比较/%

地区		2000—2003 年	2004—2007 年	2008—2011 年	2012—2015 年	2016—2019 年
按收入水平分类	高收入国家	4.3	6.8	2.0	2.7	2.8
	中高收入国家	4.7	8.6	4.3	3.4	3.4
	中低收入国家	5.5	7.2	5.8	5.4	5.4
	低收入国家	6.2	6.5	5.7	2.4	2.3
按地域分类	蒙俄	5.4	8.4	4.7	4.8	3.1
	中亚	6.5	8.0	6.9	6.5	5.3
	西亚北非	3.7	8.8	4.5	3.2	2.0
	中东欧	4.8	6.5	1.0	1.5	3.5
	东南亚	5.7	6.7	5.4	5.1	4.9
	南亚	5.1	6.9	6.0	5.4	5.3
中国		9.0	12.1	9.8	7.5	6.6
世界平均		2.9	4.3	1.9	2.7	2.8

数据来源：世界银行 WDI 数据库。

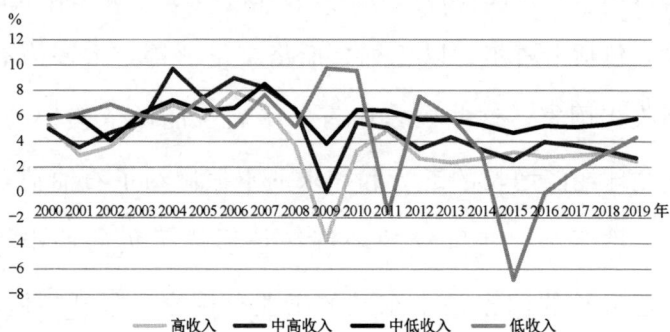

图 4-3 不同收入水平组的"一带一路"沿线国家的平均经济增速

数据来源：世界银行 WDI 数据库，作者测算。

不是所有的国家都能利用后发优势形成追赶，如乌克兰、阿富汗、也门等。国家要发展，政治环境稳定是必要条件，缺乏稳定的经济和政治环境，欠发达国家会陷入贫穷陷阱。表 4-2 和图 4-3 同样说明了这个道理，低收入水平的国家虽然金融危机期间受冲击不大，在其他时间区间，相较高收入和中等收入国家而言，并没有实现更快的经济增长，2012 年以来，这些国家的平均经济增速甚至低于高收入水平国家的平均水平。此外，这些国家的经济是相当脆弱的，这体现在剧烈的增速波动，任何一个内外部冲击都有可能引发经济增长的停滞甚至负增长。

研究"一带一路"沿线国家经济概况，除经济发展水平之外，另一个重要因素是经济发展的稳定性。为了对沿线国家经济社会稳定性进行评估，我们选取了两个重要指标，一是通货膨胀率，二是失业率。温和可控的通货膨胀能刺激经济的增长，但过高的通货膨胀却会侵蚀货币价值，削弱货币和财政政策的有效性，并扰乱市场秩序，影响人们的生产和生活质量。失业率则与民生福祉息息相关，较高的失业率会影响国民收入，并带来社会的不稳定。

我们通过研究不同"一带一路"沿线国家的通货膨胀率发现（见表 4-3），相较于自然资源禀赋相对不足的中东欧、南亚、东南亚等地区，能源资源储备丰富的国家更易发生剧烈的通货膨胀。考察金融危机以后各地区组的 GDP 平减指数（见图 4-4），蒙俄、中亚、西亚北非等地区均在 2008—2011 年的四年内达到

10％的通货膨胀率。这些资源密集型国家不仅平均通货膨胀率高，而且物价波动非常剧烈。以西亚北非国家为例，在2009年全球经济仍然萧条之时，出现平均6.5％的通货紧缩，而2010年，随着世界经济的复苏和大宗商品价格的回调，这些国家又出现了高达11.3％的通货膨胀率。事实上，将地区各国的通货膨胀指标平均还掩盖了一些国家更加剧烈的物价波动。我们选取了卡塔尔、阿联酋、科威特三个主要产油国，研究这些国家通货膨胀率随时间的波动，发现这些国家的通货膨胀率与国际油价的走势高度吻合。在2008年全球金融危机以前，国际油价稳步上升，三个主要产油国保持着较高的通货膨胀率，其中卡塔尔在2005年的GDP平减指数高达30％（见图4-5）。而危机期间，全球石油需求不足，油价大跌，导致这些国家都出现接近20％的通货紧缩。近年来，油价出现大幅震荡，这也导致主要产油国出现剧烈的价格波动。随着油价的上调，科威特的GDP平减指数由2015年26％回调成2017年16％，物价的变动对经济发展产生了较大的冲击，2015—2019年，科威特五年的平均经济增速仅为0.1％。

表 4-3 不同地区组"一带一路"沿线国家的通货膨胀率/％

地区	2008—2011 年	2012—2015 年	2016—2019 年
蒙俄	17.0	6.7	6.7
中亚	19.0	6.2	7.7
西亚北非	8.7	2.2	5.9
中东欧	5.9	4.4	3.7

续表

地区	2008—2011 年	2012—2015 年	2016—2019 年
东南亚	7.0	2.5	2.5
南亚	9.6	5.8	3.9
中国	5.6	1.4	2.6

数据来源：世界银行 WDI 数据库。

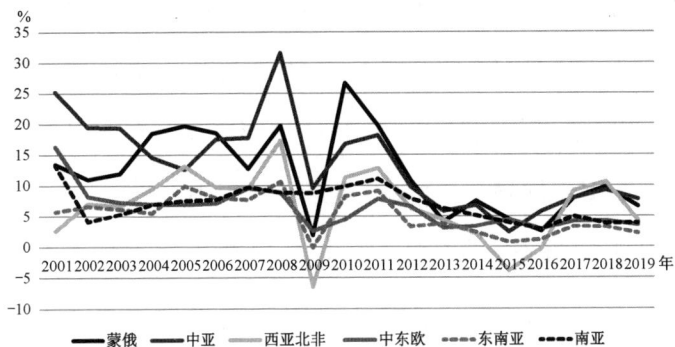

图 4-4 不同地区组"一带一路"沿线国家的 GDP 平减指数

数据来源：世界银行 WDI 数据库。

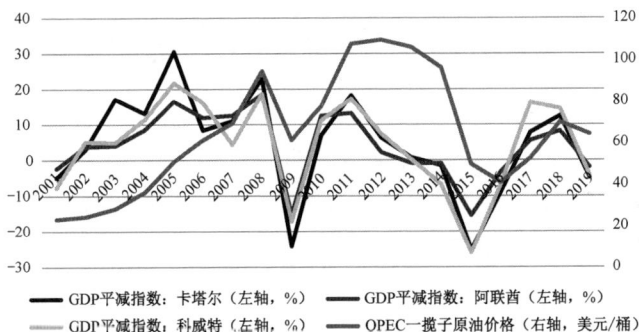

图 4-5 主要产油国的 GDP 平减指数和原油价格

数据来源：世界银行 WDI 数据库。

　　"一带一路"沿线国家的物价波动除呈现一定的地区特征外，在不同收入水平的国家之间也存在显著的差异。比如，高收入水平的国家，特别是工业化国家，一般来说物价水平比较稳定可控，而低收入水平的国家几乎无一例外地被高通货膨胀或通货紧缩所困扰。统计数据显示，金融危机以来，低收入和中低收入国家在各个时间区间的平均通货膨胀率均高于其他组别的国家，尽管全球经济复苏乏力，中低收入水平的国家平均仍面临超过6％的通货膨胀率，低收入水平的国家更是面临剧烈的物价波动（见表4-4、图4-6）。其中，除石油和其他大宗商品价格波动对能源资源依赖型国家的物价水平造成的显著影响外，还有一个不可忽视的因素就是政治波动甚至战争。以也门为例，自2014年爆发内战以来，也门经济遭受巨大的冲击，仅在2015年就出现46％的剧烈通货膨胀率和28％的经济萎缩。

表 4-4　不同收入水平"一带一路"沿线国家的通货膨胀率/％

沿线国家	2008—2011 年	2012—2015 年	2016—2019 年
高收入国家	4.3	−0.6	2.4
中高收入国家	9.6	4.5	4.7
中低收入国家	11.8	6.8	6.4
低收入国家	11.6	8.8	5.7

数据来源：世界银行 WDI 数据库。

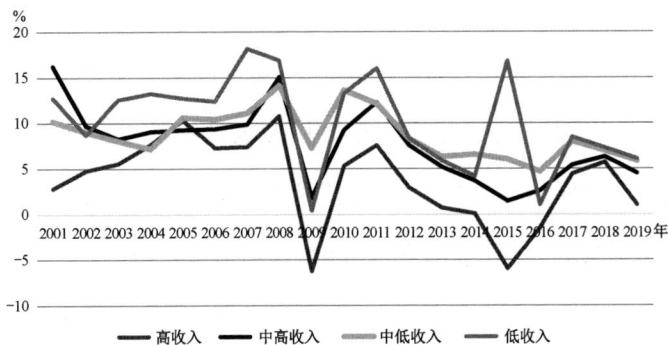

图 4-6 不同收入水平"一带一路"国家的 GDP 平减指数

数据来源：世界银行 WDI 数据库。

研判"一带一路"沿线国家的经济发展总体情况，我们观察的最后一个指标是失业率。失业率与民生福祉息息相关，较高的失业率是导致社会不稳定的一个重要因素。如图 4-7 所示，总的来说，"一带一路"沿线国家的平均失业率高于世界平均值，

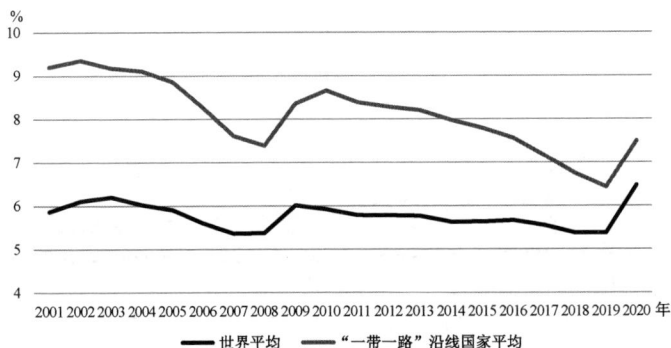

图 4-7 "一带一路"沿线国家的失业率

数据来源：世界银行 WDI 数据库。

特别是在金融危机以前，沿线国家的平均失业率超过9％，而同期的世界平均失业率只有6％左右。然而，近年来两者之间的差距正在缩小，这主要得益于中东欧国家失业率的下降。

如图4-8所示，在"一带一路"沿线国家之中，失业率呈现很明显的地域特征，中东欧国家的失业率在"一带一路"沿线国家中久居高位，特别是在金融危机以后、欧债危机爆发期间，中东欧国家的平均失业率高达14％，大量的年轻人找不到工作，成为社会动荡的来源。然而，近些年来，随着欧洲经济的复苏以及经济结构的转型调整，中东欧国家的失业率相比欧债危机期间的峰值有了明显的下降。比如，波兰这个中欧大国的失业率已从2013年的10.3％降至2019年的3.3％，匈牙利和克罗地亚的失业率也分别从危机期间的11％和17％左右降至2019年的3.4％和6.6％。与中东欧国家相比，西亚北非国家的

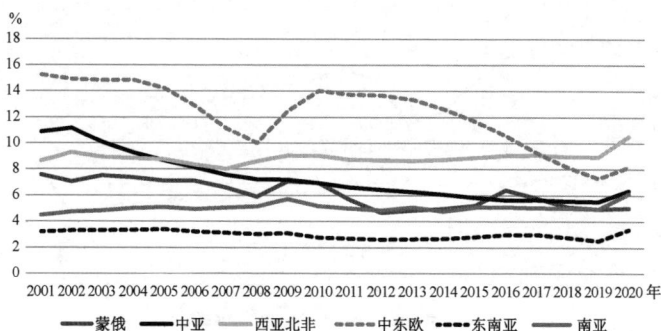

图 4-8　不同地区组"一带一路"沿线国家的失业率

数据来源：世界银行 WDI 数据库。

表现却并不出色，这些国家的平均失业率一直保持在 8% 以上，且近年来仍呈现上升态势。该地区的高失业率主要源于经济政治环境的动荡，据统计，卡塔尔、阿联酋等社会环境稳定的国家失业率一直在 3% 以内，而失业率较高主要是巴勒斯坦、也门、叙利亚、埃及、伊朗、伊拉克等动乱频发的国家，其中巴勒斯坦的失业率一直在 20% 以上。社会的动乱使得人们无法拥有稳定的就业环境，进而导致民众颠沛流离，失去工作和收入来源。在所有"一带一路"沿线国家中，东南亚国家一直保持着较低的失业率，这 11 个国家的平均失业率在 3% 左右。稳定的社会环境、连贯的经济政策、开放的市场环境共同推动了东南亚国家制造业的繁荣发展，并吸引了大量劳动者就业。因此，东南亚国家的就业市场一直非常平稳。

二、"一带一路"沿线国家的金融发展概况

"一带一路"沿线国家的金融发展水平参差不齐，但总的来说，这些国家的金融发展程度较低，缺乏有效的金融市场和金融机构，难以有效地组织投资和生产，这成为经济发展的主要阻碍。在衡量一个国家金融发展水平时，国际货币基金组织设计了一套指标体系，名为金融发展指数数据库（Financial Development Index Database)。该指标体系是一个综合指数，通过两个方面来评估一个国家的金融发展概况，分别是金融机构和金融市场的发展情况。其中，金融机构指数涵盖了金融机构深度(对私人部门的银行信贷、基金、保险等占 GDP 比重)，金融机构可得性(每十万人的银行网点或 ATM 数量)，金融机构有效性(银行存贷款利差、非息收入占比等)三个指标；而金融市场指数则评估金融市场深度(股票、债券等金融市场占 GDP 比重)，金融市场可得性(中小企业在股票市场所占权重、每十万人发行债券数等)和金融市场有效性(股票市场周转率等)。图 4-9 刻画了金融发展指数的指标体系。

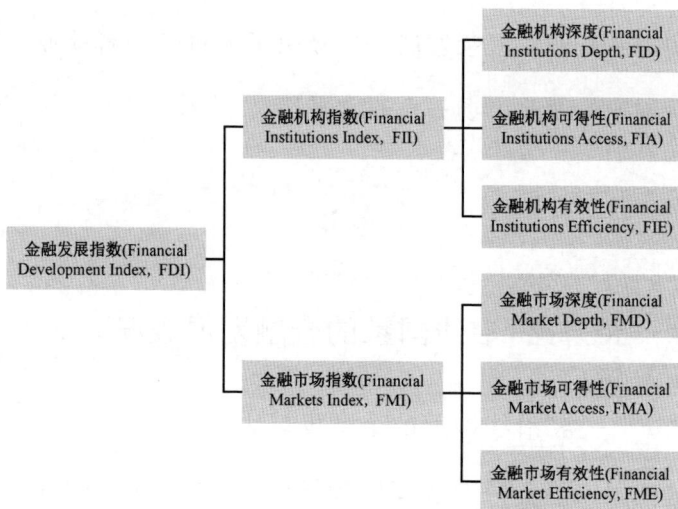

图 4-9 国际货币基金组织金融发展指数指标体系

我们在表 4-5 中展示了 65 个"一带一路"沿线国家(含中国)2018 年的金融发展指数和其子指数，包括金融机构指数和金融市场指数。由表可见，"一带一路"沿线国家的金融发展水平总体不高，巧的是，这些沿线国家的金融发展指数、金融机构指数和金融市场指数均与 IMF 所收录的 180 多个国家的平均值等同，也与 IMF 所标注的新兴市场组别平均值相近，但与发达经济体相比，仍然存在不小的差距。特别是部分经济发展水平比较落后的国家尚未形成一个行之有效的直接融资市场，只能完全依赖银行贷款来为建设项目融资，这些国家的金融市场发展指标几乎为零，这种状况严重地制约了实体经济的发展。

表 4-5　2018 年"一带一路"沿线国家的金融发展指数、

金融机构指数及金融市场指数

地区	国家	FDI	FII	FMI
蒙俄	俄罗斯	0.49	0.60	0.36
	蒙古	0.40	0.64	0.15
	蒙俄地区平均值	0.45	0.62	0.25
中亚	哈萨克斯坦	0.34	0.40	0.27
	土库曼斯坦	0.11	0.20	0.02
	乌兹别克斯坦	0.22	0.37	0.05
	吉尔吉斯斯坦	0.12	0.23	0.01
	塔吉克斯坦	0.09	0.18	0.00
	中亚地区平均值	0.18	0.28	0.07
西亚北非	卡塔尔	0.48	0.43	0.53
	阿联酋	0.49	0.40	0.56
	科威特	0.52	0.51	0.51
	以色列	0.58	0.75	0.39
	巴林	0.44	0.35	0.51

地区	国家	FDI	FII	FMI
西亚北非	沙特阿拉伯	0.42	0.34	0.49
	阿曼	0.42	0.43	0.39
	土耳其	0.53	0.48	0.55
	黎巴嫩	0.30	0.50	0.09
	阿塞拜疆	0.20	0.33	0.07
	伊朗	0.44	0.61	0.26
	约旦	0.39	0.49	0.27
	格鲁吉亚	0.30	0.55	0.03
	亚美尼亚	0.26	0.47	0.03
	埃及	0.31	0.32	0.28
	也门	0.13	0.22	0.04
	叙利亚	0.13	0.26	0.00
	伊拉克	—	—	—
	巴勒斯坦	—	—	—
	西亚北非地区平均值	0.37	0.44	0.29
中东欧	斯洛文尼亚	0.37	0.63	0.10
	爱沙尼亚	0.28	0.47	0.08
	捷克	0.48	0.55	0.38
	斯洛伐克	0.31	0.57	0.04
	立陶宛	0.23	0.41	0.04
	拉脱维亚	0.26	0.44	0.07
	波兰	0.47	0.59	0.32
	匈牙利	0.41	0.45	0.36
	克罗地亚	0.49	0.69	0.27
	罗马尼亚	0.31	0.50	0.10
	白俄罗斯	0.17	0.32	0.01
	保加利亚	0.38	0.68	0.06

续表

地区	国家	FDI	FII	FMI
中东欧	塞尔维亚	0.25	0.44	0.04
	波黑	0.27	0.53	0.00
	阿尔巴尼亚	0.19	0.37	0.01
	乌克兰	0.21	0.37	0.04
	摩尔多瓦	0.22	0.42	0.00
	黑山	—	—	—
	马其顿	—	—	—
	中东欧地区平均值	0.31	0.50	0.11
东南亚	新加坡	0.75	0.76	0.72
	文莱	0.33	0.47	0.18
	马来西亚	0.66	0.67	0.61
	泰国	0.74	0.74	0.71
	印度尼西亚	0.37	0.43	0.29
	菲律宾	0.37	0.38	0.34
	越南	0.41	0.42	0.38
	老挝	0.19	0.25	0.11
	缅甸	0.13	0.26	0.00
	东帝汶	0.13	0.25	0.00
	柬埔寨	0.16	0.31	0.00
	东南亚地区平均值	0.38	0.45	0.30
南亚	马尔代夫	0.19	0.37	0.00
	斯里兰卡	0.28	0.38	0.16
	不丹	0.21	0.39	0.02
	印度	0.44	0.38	0.48
	巴基斯坦	0.24	0.31	0.16
	孟加拉国	0.23	0.31	0.15
	尼泊尔	0.21	0.41	0.00

续表

地区	国家	FDI	FII	FMI
南亚	阿富汗	—	—	—
	南亚地区平均值	0.26	0.37	0.14
	中国	0.65	0.63	0.64
	"一带一路"沿线国家平均值	0.33	0.44	0.21
	发达经济体	0.64	0.71	0.55
	新兴市场国家	0.34	0.46	0.20
	低收入国家	0.15	0.26	0.02
	世界平均值	0.33	0.44	0.21

数据来源：国际货币基金组织金融发展指数数据库。

在"一带一路"沿线国家内部，不同地区国家的金融发展情况也存在较高的异质性，比如蒙俄两国、西亚北非、东南亚国家的金融发展指数均超过新兴市场国家平均水平，而中亚国家的金融基础设施则十分落后，国内融资渠道主要是银行体系，金融市场仍未形成，塔吉克斯坦、吉尔吉斯斯坦、土库曼斯坦等国的金融市场指数几乎为零，金融市场的缺失使得国内经济建设和风险投资受到极大的制约，这严重拖累了经济的起飞和发展。如图4-10所示，在"一带一路"沿线国家中，金融发展状况最好的国家无疑是新加坡，新加坡拥有十分完备的金融监管机制，维护和保障了金融体系的稳定。此外，新加坡还具有稳健的金融机构、完善的金融基础设施、高效透明的金融市场，以及完善的金融立法和执法，这些都有力地推动了金融行业的发展。当前，新加坡被超过1 200家国际金融机构选作总部所在

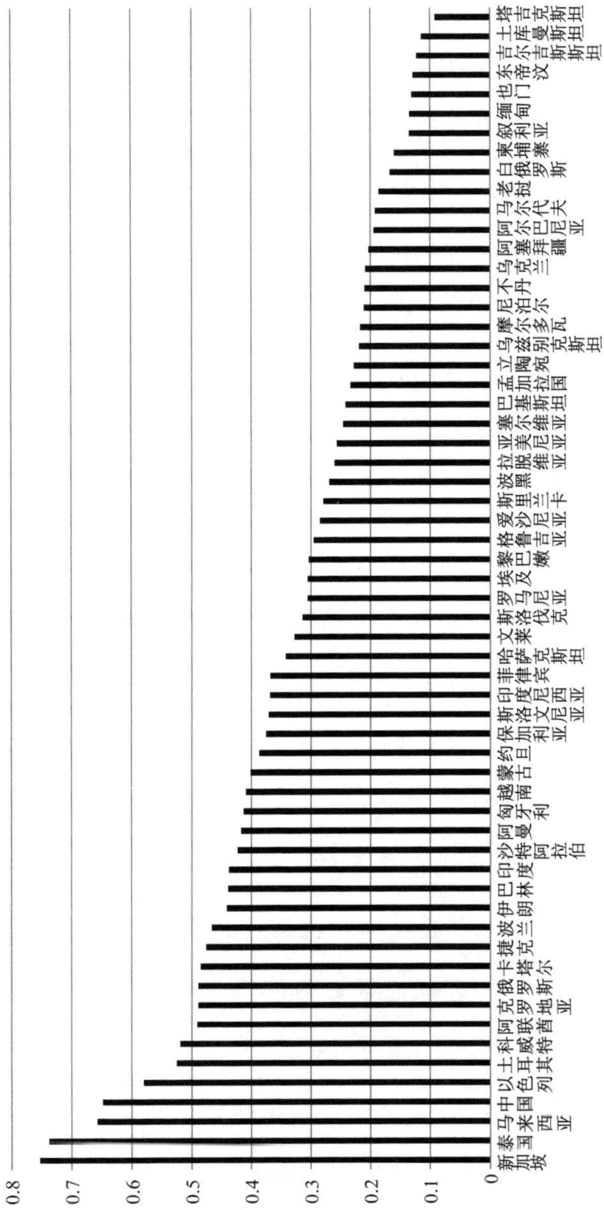

图 4-10 "一带一路"沿线国家金融发展指数排序

数据来源：国际货币基金组织金融发展指数数据库。

地，金融业产值高达 GDP 的 13%，也吸纳了超过 5% 的国内就业，成为重要的国际金融中心。除新加坡以外，一些亚洲国家也逐步发展了较为发达的国内金融体系，包括泰国、马来西亚、土耳其等。近年来，中国的金融行业发展十分迅速，金融发展指数已从 2000 年的 0.38 上升至 2018 年的 0.65，超过了发达国家的平均水平，而相同时间区间内，新兴市场国家的平均金融发展指数仅从 0.26 上升至 0.34。

由以上的分析可以看出，"一带一路"沿线国家总体金融发展水平与世界平均水平平齐，且内部分化严重，有的国家金融市场尚未形成，而有的国家已经具有高度发达和开放的国际金融市场。如果我们将金融发展指数进行分解，就可以对不同地区和国家的金融发展情况有更清晰的认知。我们重点选取两个指标进行分析，分别是金融机构深度（FID）和金融市场深度（FMD）指标。按照定义，FID 反映的是金融机构信贷供给的充裕度，这是由银行对私人部门信贷、养老基金、共同基金、保险等资产总量占 GDP 比重决定的。FID 越高，说明国内信贷越充沛，企业和居民可以通过金融机构进行储蓄、理财和借贷。在经济发展起步阶段，这些金融机构信贷供给对支持政府和私人部门投资、激发经济增长潜力至关重要。

我们将除中国之外的 64 个沿线国家按地区划分，图 4-11 展示了 2018 年不同地区组国家的 FID 指数。由图可见，东南亚国家的 FID 两极分化比较严重，有的国家的 FID 指数非常高，典型代表是新加坡、马来西亚和泰国，这些国家储蓄率较高，信贷供给额度非常充沛。但也有一些信贷十分贫乏的国家，包括东帝汶、老挝、缅甸等中低收入国家。西亚北非国家同样面临着两极分化，信贷和金融产品最丰富的以色列 FID 指数达到 0.64，而也门、叙利亚等战乱频发的国家则几乎没有任何信贷供给。除了这两个地区组，其他地区组国家的 FID 分布比较平均，比如中东欧国家大多与世界平均水平接近，而中亚国家除哈萨克斯坦之外，其他国家都存在严重的信贷短缺。

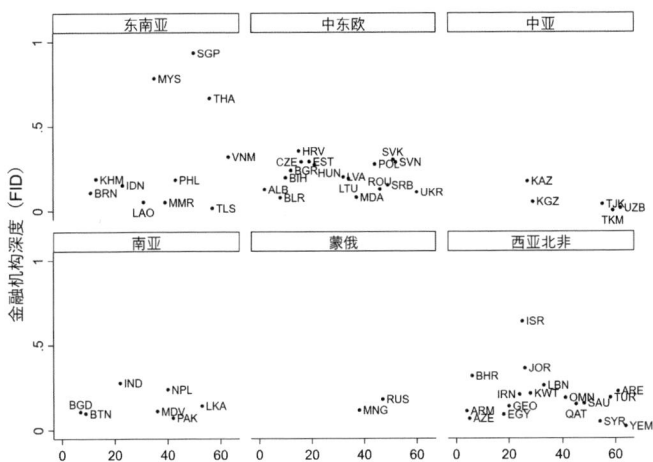

图 4-11 2018 年"一带一路"沿线国家金融机构深度指数

数据来源：国际货币基金组织金融发展指数数据库。

我们再聚焦 FMD 指标，图 4-12 帮助我们直观地认知"一带一路"不同地区国家的金融市场发展情况。FMD 同时考虑了各国股票市值占 GDP 权重、股票交易量占 GDP 比重、政府发行的国际债券占 GDP 比重、金融及非金融机构发行的总债券占

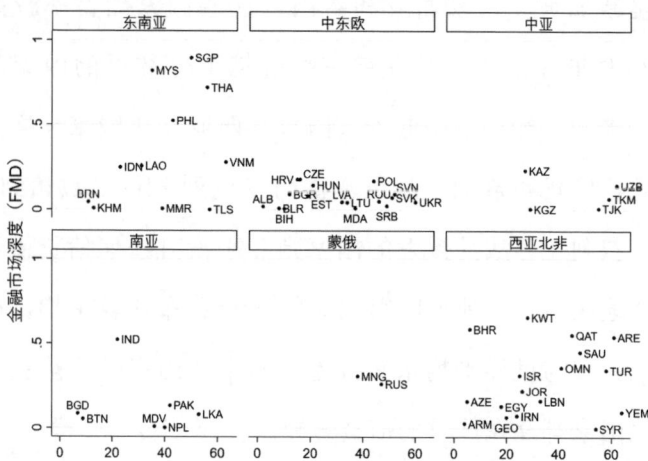

图 4-12　2018 年"一带一路"沿线国家金融市场深度指数

数据来源：国际货币基金组织金融发展指数数据库。

GDP 比重，因此是反映一个国家直接融资市场规模的综合测度指标。由图可见，"一带一路"沿线国家的直接融资体系普遍较弱，很多国家 FMD 指数几乎为零，这些国家不存在正式的金融市场和融资平台。在所有地区中，东南亚国家的金融市场规模仍然呈现两极分化的特征。新加坡的 FMD 指数为 0.9，几乎是全球的最高值，而缅甸、柬埔寨等国家则几乎不存在直接融资市场，FMD 指数几乎为零。西亚北非国家的金融市场发展程度也存在较大的异质性，科威特、卡塔尔、巴林等国家 FMD 相对较高，而叙利亚、也门、伊朗等国家的金融市场却极不发达。此外，值得一提的是，中东欧国家的股票债券市场占 GDP 比重都非常低，这些国家主要依赖银行等金融机构进行间接融资，直接融资渠道相对欠缺，比如阿尔巴尼亚、波黑、白俄罗斯等国家 FMD 指数接近于零。

不同的国家有不同的金融体系和结构,有的国家倾向于发展直接融资平台,比如美国、英国等国家拥有高度发达的股票和债券市场,有的国家则通过更多银行等间接金融渠道来为企业融资,如德国。而对于经济刚刚起步的发展中国家来说,银行等金融机构是更稳妥可靠的融资平台。因为银行系统对金融法治、监管、基础设施等各方面的要求不如股票和债券市场严苛,以银行为金融中介可以更好地识别投资项目的风险和收益,将资金供需匹配,从而稳定有效地实现资源的优化配置。正如我们所观察的,"一带一路"沿线国家以发展中国家为主,这些国家的经济发展水平还不高,因此对它们来说,利用银行融资是更稳妥的选择。

总的来说,各国的金融发展水平与经济发展水平呈现非常显著的正相关性,经济发展水平越高的国家,毋庸置疑有着更为发达的金融市场。图 4-13 的横轴是 65 个"一带一路"沿线国家(含中国)在 2000—2018 年人均 GDP 的自然对数,纵轴是各国在相应年份的金融发展指数,由图可见两者之间呈现非常显著的线性相关性。面板回归结果显示,人均 GDP 每提升 1%,金融发展指数将提升 0.045 左右。此外,由于金融服务业是一个国家制造业发展的必要保障,缺少有效可靠的金融机构和金融市场,制造业的发展将缺乏必要的融资基础,因此一个国家制造业增加值占 GDP 比重理应与金融发达程度呈现正相关关系。图 4-14 印证了这个推断,该图的横轴是制造业增加值占

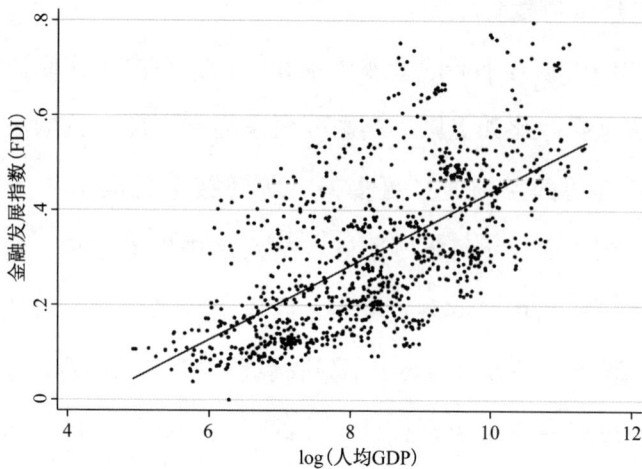

图 4-13　金融发展指数与人均 GDP 之间的相关性

数据来源：世界银行 WDI 数据库、国际货币基金组织数据库。

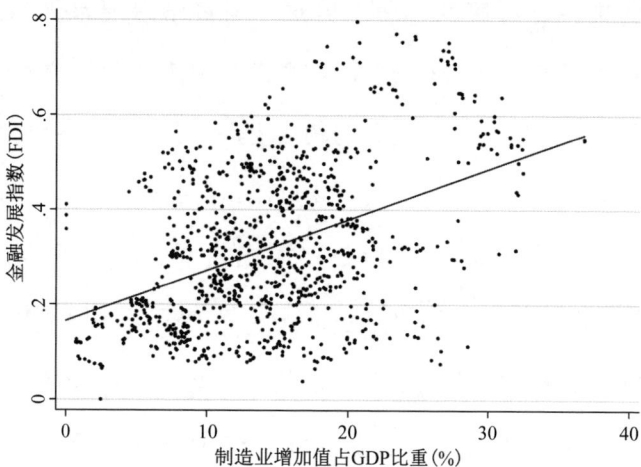

图 4-14　金融发展水平与制造业增加值占比之间的相关性

数据来源：世界银行 WDI 数据库，国际货币基金组织数据库。

GDP 比重，纵轴是金融发展指数，过去 20 年间这 65 个国家的制造业扩张和金融行业发展的确呈现出同步的特征。

三、"一带一路"沿线国家的经济结构

　　"一带一路"沿线国家分布在亚洲、非洲、拉丁美洲、欧洲等不同地区，不同的地理位置、资源禀赋、政治环境决定了各国有着不同的经济结构和经济发展模式。有的国家能源和矿产资源储备丰富，因此能源资源成为经济发展的支柱行业；有的国家劳动力成本低廉，因而大力发展劳动力密集型产业，成为世界重要的加工厂。同样，我们将以 65 个最早签署"一带一路"合作文件的国家（含中国）为研究对象，分析这些国家的三次产业构成、投资消费结构和国际贸易基本情况，从而对"一带一路"沿线国家的经济结构形成基本把握。在此基础上，我们进一步探讨沿线国家经济增长的驱动力和经济发展的一般规律。

(一)"一带一路"沿线国家的三次产业结构

　　"一带一路"沿线国家的三次产业结构与中等收入水平国家的平均水平相近，65 个沿线国家的平均农业增加值占 GDP 比重为 8.3%，制造业增加值占比 13.6%，服务业增加值占

比 53.1%，而中等收入国家三次产业增加值占比的平均水平分别为 8.0%、18.3%、54.8%。因经济发展水平和发展阶段各不相同，不同地区"一带一路"沿线国家的产业结构差距很大。

由表 4-6 可见，中亚、东南亚和南亚地区的农业增加值占比相对较高，中东欧和东南亚的部分国家制造业相对发达，而从整体来看，"一带一路"沿线国家的服务业发展则显得欠缺，很少有国家的服务业增加值占 GDP 比重超过世界平均水平(65%)。一般来说，对农业比较依赖的往往是经济发展水平相对较低的国家。"一带一路"沿线国家中农业增加值占比较高的几个国家，包括乌兹别克斯坦、阿富汗、印度、巴基斯坦等国都是中低收入国家；而人均 GDP 较高、经济较为发达的国家，包括捷克、新加坡等国的农业增加值占比却低于 2%。农业虽在国民生产总值中所占比例相对较低，但却很大程度上决定了一个国家的粮食安全，因此对经济发展和国计民生都至关重要。更何况，对于部分经济发展水平不高的"一带一路"沿线国家来说，农业是经济命脉，也是出口创汇的重要行业。比如阿富汗和乌兹别克斯坦的农业增加值占 GDP 比重均高达 25%，这些国家的经济发展对农业有着较大的依赖。

表 4-6　2019 年"一带一路"沿线国家的产业结构①/%

地区	国家	农业增加值占 GDP 比重	制造业增加值占 GDP 比重	服务业增加值占 GDP 比重
东亚	中国	7.1	26.8	54.3
蒙俄	俄罗斯	3.4	13.1	54.0
	蒙古	10.8	9.4	40.0
中亚	哈萨克斯坦	4.5	11.5	55.5
	土库曼斯坦	—	—	—
	乌兹别克斯坦	25.5	19.6	32.2
	吉尔吉斯斯坦	12.1	14.3	50.2
	塔吉克斯坦	19.2	10.5	42.1
西亚北非	卡塔尔	0.2	7.8	46.7
	阿联酋	0.7	8.7	53.1
	科威特	0.5	6.9	54.2
	以色列	1.1	12.0	69.8
	巴林	0.3	17.9	54.9
	沙特阿拉伯	2.2	12.5	50.4
	阿曼	2.4	10.5	48.1
	土耳其	6.4	18.3	56.5
	黎巴嫩	3.1	5.6	78.8
	阿塞拜疆	5.7	5.0	37.4
	伊拉克	1.5	—	48.6
	伊朗	12.2	14.8	55.8
	约旦	4.9	17.7	60.9

① 由于部分国家 2019 年数据缺失,我们采用这些国家 2018 年的相应数据加以替代,这些国家和地区包括塔吉克斯坦、以色列、巴勒斯坦和缅甸。2019 年高收入国家和世界平均产业增加值占比同样以 2018 年数据替代。

续表

地区	国家	农业增加值占GDP比重	制造业增加值占GDP比重	服务业增加值占GDP比重
西亚北非	格鲁吉亚	6.5	8.9	60.8
	亚美尼亚	12.0	11.7	54.2
	埃及	11.0	15.9	50.5
	巴勒斯坦	7.4	11.5	60.0
	也门	5.7	—	18.1
	叙利亚	—	—	—
中东欧	斯洛文尼亚	2.0	20.6	56.6
	爱沙尼亚	2.5	12.8	62.5
	捷克	1.9	22.4	56.9
	斯洛伐克	2.5	18.1	58.3
	立陶宛	3.2	16.1	61.4
	拉脱维亚	3.7	10.4	64.7
	波兰	2.3	16.6	57.6
	匈牙利	3.4	17.7	56.4
	克罗地亚	2.9	12.0	58.8
	罗马尼亚	4.1	17.5	58.2
	白俄罗斯	6.8	21.3	48.8
	保加利亚	3.2	—	61.5
	黑山	6.4	3.7	58.7
	塞尔维亚	6.0	13.7	51.2
	马其顿	8.0	—	55.2
	波黑	5.6	12.9	55.7
	阿尔巴尼亚	18.5	6.3	48.6
	乌克兰	9.0	10.8	54.4
	摩尔多瓦	10.1	10.8	54.1

续表

地区	国家	农业增加值占 GDP 比重	制造业增加值占 GDP 比重	服务业增加值占 GDP 比重
东南亚	新加坡	0.0	19.8	70.4
	文莱	1.0	13.6	38.2
	马来西亚	7.3	21.4	54.2
	泰国	8.0	25.3	58.6
	印度尼西亚	12.7	19.7	44.2
	菲律宾	8.8	18.5	61.0
	越南	14.0	16.5	41.6
	老挝	15.3	7.5	42.7
	缅甸	21.4	24.8	40.7
	东帝汶	14.2	1.5	56.8
	柬埔寨	20.7	16.3	38.8
南亚	马尔代夫	5.2	2.0	70.0
	斯里兰卡	7.4	16.4	58.2
	不丹	15.8	7.1	43.4
	印度	16.0	13.6	49.4
	巴基斯坦	22.0	12.5	53.9
	孟加拉国	12.7	18.9	52.8
	尼泊尔	24.3	5.0	50.6
	阿富汗	25.8	7.0	55.5
"一带一路"沿线国家平均		8.3	13.6	53.1
高收入国家		1.3	14.0	69.6
中等收入国家		8.0	18.3	54.8
低收入国家		22.1	—	33.2
世界平均		3.3	15.4	65.0

数据来源:世界银行 WDI 数据库。

有两个因素造成了"一带一路"沿线国家不同的农业依赖度，第一是各国经济发展水平的差异。一般来说，经济发展水平越高的国家，其工业和服务业越发达，对农业的依赖度越低，图 4-15 证实了这一点。作为"一带一路"沿线国家中人均GDP 最低的国家之一，尼泊尔在 2001 年至 2014 年农业增加值占 GDP 比重都高达 30％，乌兹别克斯坦的农业增加值占比也持续超过 25％。农业增加值占 GDP 比重超过 10％的国家大多被划为中低收入国家，除几个特殊样本外，它们的人均 GDP 都低于 5 000 美元。

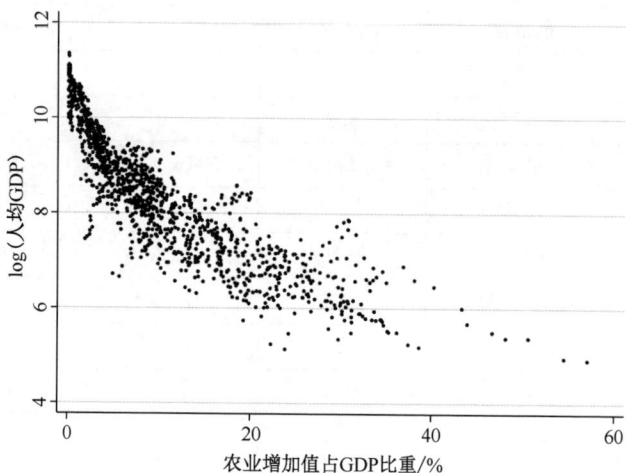

图 4-15　2001—2019 年"一带一路"沿线国家的农业增加值和人均 GDP

数据来源：世界银行 WDI 数据库。

影响"一带一路"沿线国家农业依赖度的第二个因素是这些国家的资源禀赋。如图 4-16 所示，"一带一路"沿线国家的耕地面积差异很大，印度、柬埔寨、蒙古的耕地面积占国土面积的比重超过 60%，而沙特阿拉伯、文莱、卡塔尔等能源和矿产资源丰富的国家耕地面积占国土面积的比重却不到 5%。不同的资源禀赋决定了各国发展农业的比较优势，总体来说，耕地面积越高的国家，农业增加值在 GDP 中的占比越高。然而，这一规律并非对所有国家均适用。尼泊尔的耕地面积仅占总国土面积的 28.7%，低于中等收入国家的平均水平，而农业增加值贡献了尼泊尔 GDP 的 24.3%，远高于中等收入国家的农业增加值占比（8%）。匈牙利和罗马尼亚拥有肥沃而广袤的耕地，但它们的农业增加值占 GDP 比重却不到 5%。因此，影响一个国家对农业依赖程度的最主要因素并非土地资源禀赋，而是这个国家是

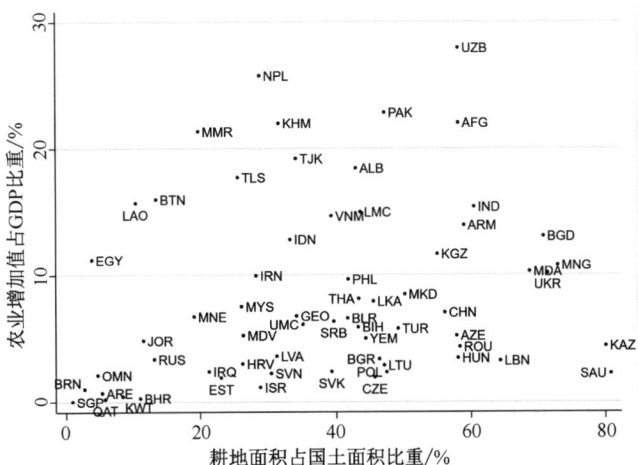

图 4-16 2018 年"一带一路"沿线国家的农业增加值和耕地面积

数据来源：世界银行 WDI 数据库。

否拥有发达的工业和成熟的服务业，是否能较好地融入全球产业链，将有限的资源投入生产更高附加值的产品。

与农业相比，"一带一路"沿线国家的制造业占 GDP 比重与经济发展水平之间的关系并不明显。低收入国家经济以农业为主，工业基础薄弱，工业增加值占 GDP 比重较低，而高收入国家已实现制造业的转型升级，大量低端制造业转移到国外，国内经济则以高附加值的制造业和服务业为主要支柱，制造业占比也较低，因此制造业在国民经济中的比重呈现两头低、中间高的状况。"一带一路"沿线国家大多是处于中等收入阶段的发展中国家，如图 4-17 所示，整体来看，"一带一路"沿线国家的制造业增加值占 GDP 比重与制造业的科技附加值呈正相关的关系。在产业结构中，高科技产业所占比重越高的国家，越体现出制造业依赖的特征，然而这个规律并不适用于卡塔尔、科威特等收入水平相对较高的国家，这些国家的高科技产业占制造业增加值比重超过 1/3，而制造业增加值占 GDP 比重却不到 10％。此外，各国因不同的经济发展模式而具有完全不同的产业结构。工业化程度较高、国内产业链条比较完善或以货物出口作为主要经济驱动因素的国家的制造业占国民经济的比重往往较高，而能源资源储备丰富、经济相对闭塞落后或服务业比较发达的国家的制造业规模则相对较小。以中国和哈萨克斯坦这两个人均收入水平相似的国家为例，中国的制造业贡献了约

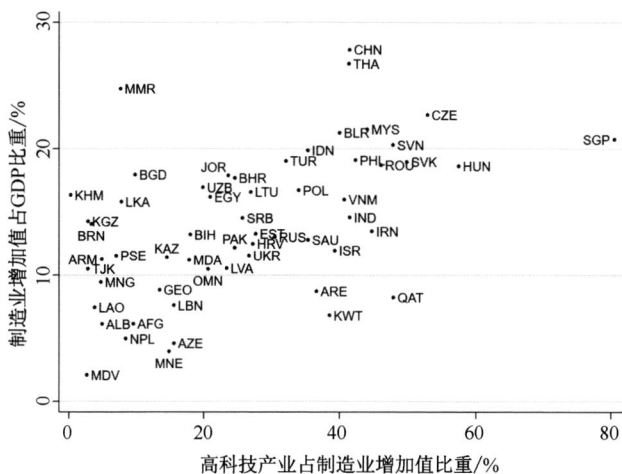

图 4-17 2018 年"一带一路"沿线国家制造业增加值对 GDP 的

贡献率与制造业科技结构的关系

数据来源：世界银行 WDI 数据库。

30％的 GDP，而哈萨克斯坦的制造业仅占 GDP 的 10％左右。

分地区来看，东南亚、南亚国家的制造业对经济的贡献要高于西亚国家，印度尼西亚、菲律宾、越南等国家因低廉的劳动力成本，承接了因中国劳动力价格上涨而转移的制造业，成为世界加工厂。沙特阿拉伯、伊朗等具有丰富能源储备的西亚国家工业体系则相对欠发达。中东欧国家的制造业是国民经济的支柱，波兰和罗马尼亚因具有丰富的矿产资源，而发展起来发达的煤矿勘探行业及一系列中下游行业，包括造船业、钢铁业、机械制造业等。非洲国家的制造业在国民经济中所占比重则相对较低。

与制造业相似，影响不同国家对服务业依赖程度的也并非人均收入水平。当收入水平较高时，劳动力价格上涨可能导致国内制造业的外移，推动国内主导产业由低附加值的制造业向配套服务业转型，因此高收入或中高收入水平国家的服务业增加值在国民经济中的比重可能较高。然而，产业结构单一、工业基础薄弱的国家，如一些东南亚、南亚的岛国也不得不依赖自身资源禀赋开发旅游等服务业，因此服务业增加值占 GDP 比重也相对较高。回顾表 4-6 可知，服务业增加值占 GDP 比重较高的国家大多为经济结构比较成熟、收入水平较高的经济体，包括以色列、新加坡等国家。而一些经济水平不是很高的经济体，包括马尔代夫、黎巴嫩等国家，工业体系则相对落后，这些国家借助自身自然资源禀赋，依赖农业和旅游服务业实现经济发展。

(二)"一带一路"沿线国家的支出法 GDP 构成

"一带一路"沿线国家差异化的经济结构体现在各国不同的支出法 GDP 构成。总的来说，"一带一路"沿线国家的投资消费结构与世界平均水平基本一致，最终消费占 GDP 比重约为75.9%，投资占比为 27.3%，高投资推动了经济的长期增长。

然而，如果分地区来看，不同地区国家的支出结构存在明显的差异(见表4-7)。南亚和中亚国家存在明显的高投资、高消费倾向。比如,2019年吉尔吉斯斯坦的投资率为32.9%,消费率高达98.9%,而南亚地区的典型代表是尼泊尔,同年其投资率为56.6%,而消费率则高达81%。值得注意的是,这种高投资和高消费是以较高的外部失衡为代价的。这些国家的贸易赤字占GDP比重均超过20%,这意味着其存在沉重的外债负担和较高的经济风险,特别是对于经济欠发达、人均GDP仅在1 000美元左右的中低收入国家而言。经济基础的薄弱使得一些中低收入和低收入国家不得不将几乎所有的国内生产总值用于最终消费支出,而缺乏充裕的剩余产出进行必要的基建和工业投资,这导致了经济增长乏力和外部风险积聚。不仅是中亚和南亚的部分国家,很多其他沿线国家也存在同样的问题,如西亚地区的巴勒斯坦、亚美尼亚,中东欧的摩尔多瓦、乌克兰,东南亚地区的东帝汶。与其他地区相比,中东欧地区的一些高收入国家,包括斯洛文尼亚、爱沙尼亚、捷克等国家,以及大部分东南亚国家的投资消费结构比较健康,这些地区的投资消费结构比较均衡,同时能保持一定的贸易顺差。这样的支出结构使得在外部风险可控的情况下推动相对平稳的经济增长成为可能。

表 4-7 2019 年"一带一路"沿线国家的最终消费、
投资和净出口占 GDP 比重①/%

地区	国家	最终消费占 GDP 比重	投资占 GDP 比重	净出口占 GDP 比重
东亚	中国	56.0	43.3	1.2
蒙俄	俄罗斯	68.7	23.1	7.6
	蒙古	66.8	39.5	−6.0
	地区平均值	67.7	31.3	0.8
中亚	哈萨克斯坦	61.1	26.8	8.6
	土库曼斯坦	—	—	—
	乌兹别克斯坦	70.8	39.8	−10.6
	吉尔吉斯斯坦	98.9	32.9	−28.3
	塔吉克斯坦	—	—	—
	地区平均值	76.9	33.2	−10.1
西亚北非	卡塔尔	43.0	42.6	14.4
	阿联酋	52.2	23.8	24.0
	科威特	61.8	25.2	13.0
	以色列	76.8	21.4	1.9
	巴林	55.9	36.4	7.7
	沙特阿拉伯	62.8	28.8	8.4
	阿曼	65.2	20.5	14.3
	土耳其	72.4	24.8	2.8
	黎巴嫩	106.9	18.5	−25.3
	阿塞拜疆	67.5	20.1	12.3
	伊拉克	86.4	14.9	−1.2

---

① 由于部分国家 2019 年数据缺失，我们采用这些国家 2018 年的相应数据加以替代，这些国家包括科威特、巴林、缅甸。

续表

地区	国家	最终消费 占 GDP 比重	投资 占 GDP 比重	净出口 占 GDP 比重
西亚北非	伊朗	61.3	40.7	−5.6
	约旦	95.1	18.6	−13.6
	格鲁吉亚	83.3	27.2	−9.0
	亚美尼亚	95.9	17.4	−13.4
	埃及	90.6	17.7	−8.3
	巴勒斯坦	110.7	27.1	−38.1
	也门	—	—	—
	叙利亚	—	—	—
	地区平均值	75.8	25.0	−0.9
中东欧	斯洛文尼亚	70.8	20.7	8.5
	爱沙尼亚	68.9	27.7	4.0
	捷克	67.1	26.9	6.0
	斯洛伐克	76.0	23.6	0.4
	立陶宛	77.3	17.5	5.2
	拉脱维亚	78.5	22.4	−0.8
	波兰	75.5	19.7	4.7
	匈牙利	68.7	28.2	3.1
	克罗地亚	77.6	22.7	−0.2
	罗马尼亚	80.9	22.9	−3.9
	白俄罗斯	70.9	29.0	−0.5
	保加利亚	75.7	21.1	3.2
	黑山	89.2	31.9	−21.1
	塞尔维亚	84.9	25.1	−10.0
	马其顿	79.7	34.5	−14.2
	波黑	95.0	21.6	−15.2
	阿尔巴尼亚	91.8	22.0	−13.8

续表

地区	国家	最终消费 占 GDP 比重	投资 占 GDP 比重	净出口 占 GDP 比重
中东欧	乌克兰	95.2	12.6	−7.8
	摩尔多瓦	98.6	26.0	−24.6
	地区平均值	80.1	24.0	−4.1
东南亚	新加坡	46.2	24.9	27.9
	文莱	45.5	38.7	7.4
	马来西亚	71.5	21.0	7.4
	泰国	66.2	24.0	9.1
	印度尼西亚	66.7	33.8	−0.5
	菲律宾	85.7	26.2	−11.9
	越南	74.6	26.8	3.2
	老挝	—	—	—
	缅甸	70.4	30.6	0.1
	东帝汶	101.8	25.6	−27.4
	柬埔寨	74.2	24.2	−1.4
	地区平均值	70.3	27.6	1.4
南亚	马尔代夫	61.4	47.5	−8.9
	斯里兰卡	78.7	27.4	−6.1
	不丹	78.4	38.0	−16.3
	印度	72.3	29.7	−2.7
	巴基斯坦	94.6	15.6	−10.2
	孟加拉国	75.2	31.6	−6.1
	尼泊尔	81.0	56.6	−37.6
	阿富汗	—	—	—
	地区平均值	77.4	35.2	−12.6
"一带一路"沿线国家平均		75.9	27.3	−3.3
高收入国家		77.0	21.9	1.2

续表

地区	国家	最终消费占 GDP 比重	投资占 GDP 比重	净出口占 GDP 比重
中等收入国家		69.9	30.1	0.0
低收入国家		—	—	—
世界平均		74.9	24.4	0.8

数据来源：世界银行 WDI 数据库。

投资的确是重要的经济增长引擎，这在"一带一路"沿线国家的发展经验中得到了印证。作为三驾马车之一，投资在改革开放四十多年来一直是中国经济的主要驱动力，而在其他"一带一路"沿线国家，高投资也与较高的经济增速息息相关。如图 4-18 所示，投资占 GDP 比重与 GDP 增速呈显著的正相关关

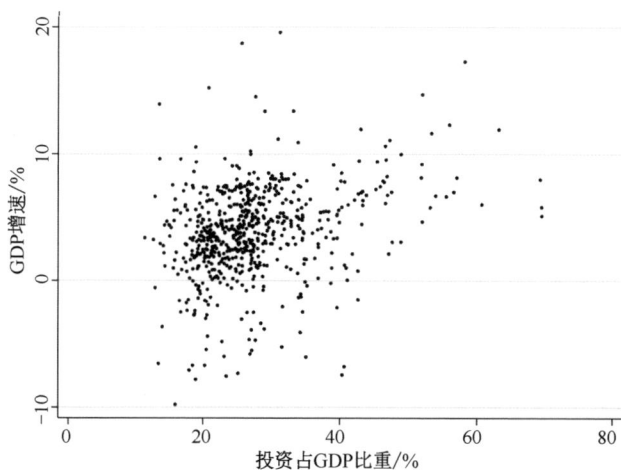

图 4-18　"一带一路"沿线国家投资占比与

GDP 增长率之间的关系(2009—2019 年)

数据来源：世界银行 WDI 数据库。

系，中国、印度尼西亚等国投资占 GDP 比重均超过 30%，这些国家在近些年来都能实现 5% 以上的高速增长。值得一提的是，投资和经济增长之间的正相关性也存在一些特例，比如沙特阿拉伯。2017 年，沙特阿拉伯的投资占 GDP 比重约为 29%，高于"一带一路"沿线国家的平均水平，而经济却陷入收缩困境。这与低油价对能源部门的冲击息息相关，也印证了除了高投资，多元化的经济结构对于经济的稳定增长至关重要。

(三)"一带一路"沿线国家的对外开放

从整体来看，"一带一路"沿线国家的对外开放程度要显著高于世界平均值。图 4-19 展示了 65 个"一带一路"沿线国家的进出口贸易占 GDP 的比重，其中虚线显示的是世界平均值。由图可见，绝大多数"一带一路"沿线国家的贸易占比都高于世界平均水平，其中越南、新加坡的贸易占 GDP 比重甚至高于 200% 和 300%。诚然，以转口贸易和金融服务业为支柱产业的新加坡的发展不具有典型性，但大多数沿线国家，甚至包括一些内陆国家，如哈萨克斯坦、乌兹别克斯坦等国的贸易仍然在经济总量中占据很高的比重。值得一提的是，中国、印度等大国的贸易占比相较于中东欧、东南亚国家显得较低。中国的进出口总和占 GDP 的比重仅为 35.8%，低于世界平均值 60.3%。这并不代表中国对外开放程度不足，而是因为中国经济总量庞大，大规模的内需和投资拉动了经济的增长，贸易占比相对较低。

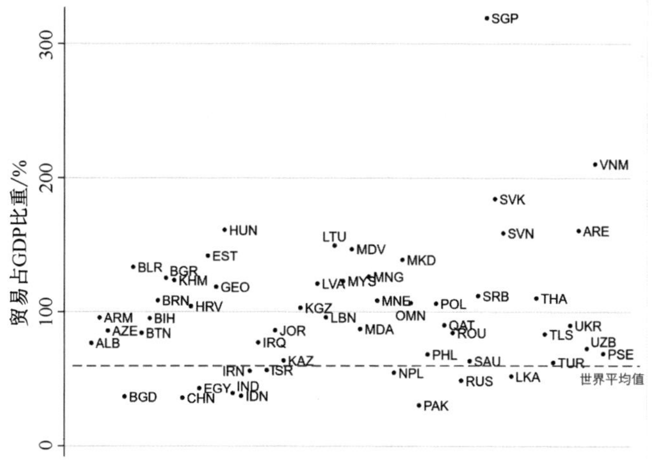

图 4-19 2019 年"一带一路"沿线国家贸易占 GDP 比重

数据来源：世界银行 WDI 数据库。

"一带一路"沿线国家不仅有着相当开放的商品市场，而且整体上实现了货物和服务贸易的顺差，2019 年 65 个沿线国家共计实现贸易顺差 4 366 亿美元，约占 GDP 的 1.5%。尽管整体盈余，但各个国家的贸易状况差异显著（见图 4-20）。对外开放程度最高的几个亚洲国家都实现了较高的贸易顺差，如越南、马来西亚和泰国的贸易顺差占 GDP 比重分别为 3.2%、7.4%和 9.1%，这些国家都以较低的生产成本为比较优势，拥有发达的中低端制造业而成为世界工厂，向全球提供价格低廉的制造业产品。除东南亚国家外，哈萨克斯坦、俄罗斯等资源丰富的国家也因大量的能源资源产品出口，而成为为数不多的实现贸易盈余的国家。反观贸易赤字严重的国家，往往是政治动荡、经济发展不稳定、缺乏扎实的工业基础的国家，这些国家主要分布在西亚、东欧和南亚地区，如巴勒斯坦（－38.1％）、约旦（－13.6％）、摩尔多瓦（－24.6％）和尼泊尔（－37.6％）等。

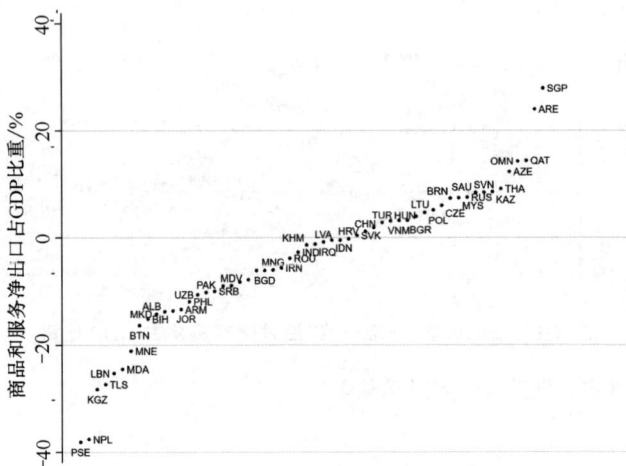

图4-20　2019年"一带一路"沿线国家商品和服务净出口占GDP比重

数据来源：世界银行WDI数据库。

实现基本平衡或适当盈余的贸易顺差既是一个国家，特别是处于快速发展阶段的发展中国家经济增长的重要引擎，也是创造外汇收入、促进金融稳定的重要保障。亚洲的一些发展中国家在经历亚洲金融危机之后，迅速调整经济结构，保持健康的经常账户并致力于构建稳健的金融体系，因而近20年来，即便是面临全球金融危机等较强的外部冲击，仍然能保持快速而稳定的经济增长。

将"一带一路"沿线国家的进出口进行分解，可进一步探究这些国家的贸易结构，以此为切入点洞悉沿线国家经济发展的规律。总体来看，近20年来，"一带一路"沿线国家与发达国家之间的贸易占贸易总额的比重逐步降低，由2001年的75.8%下降至2019年的63.1%[①]，这符合全球贸易的整体走势（见图4-21）。发展中国家与发达国家的贸易会产生一定的溢出效应，外贸企业在与发达国家进行业务往来的同时也能够从发达国家学习先进的技术和企业管理经验。在经济起步阶段，这将有效地激发发展中国家的后发优势，促进经济增长。这些年来，"一带一路"沿线国家与发达国家贸易量的减少，一方面反映发达国家的

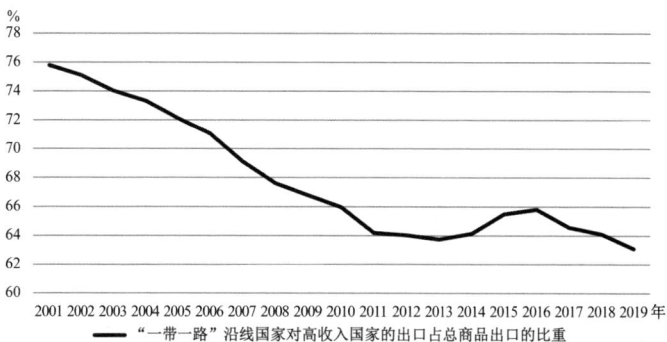

图4-21 "一带一路"沿线国家对高收入国家的出口占总商品出口的比重

数据来源：世界银行WDI数据库。

---

① 新兴市场国家与发达国家的贸易占比的测算方法是取各个新兴市场国家对发达国家出口占比与进口占比的平均值，数据来源是世界银行WDI数据库。

有效需求不足、制造业的外移，另一方面也体现以这些国家为代表的大量发展中国家正在全球产业链中占据更多、更重要的位置。

"一带一路"沿线国家的进出口贸易主要集中在哪些行业？图 4-22 和图 4-23 给了我们答案。我们将除中国之外的 64 个沿线国家按地区分解，可以发现不同地区的国家的出口结构呈现显著的差别，不同地区的国家按照自身比较优势，在全球产业链中寻找自己合适的位置。2019 年，西亚北非、蒙俄和中亚国家的能源出口占总商品出口的比重相对较高。在中东地区，能源资源分布很不均匀，一些资源禀赋丰富的国家，如科威特、卡塔尔、阿塞拜疆的能源出口占总商品货物出口的比重接近

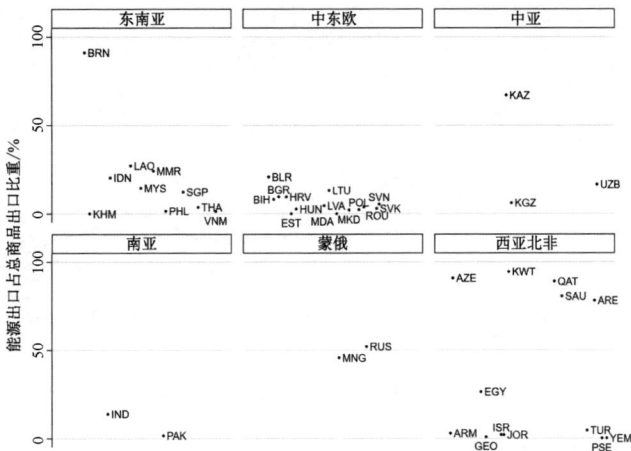

图 4-22 2019 年"一带一路"沿线国家能源出口占总商品出口的比重

数据来源：世界银行 WDI 数据库。

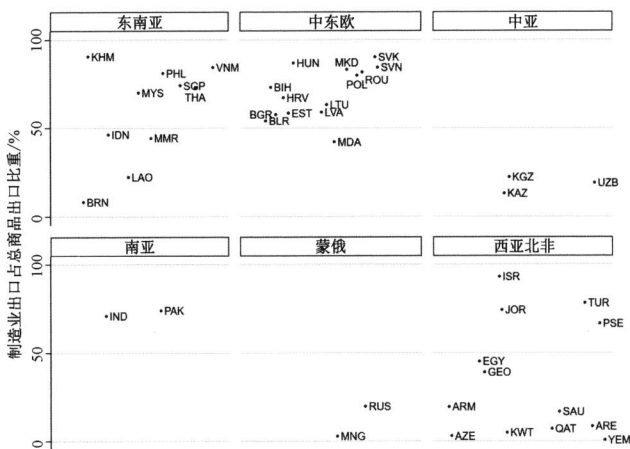

图 4-23 2019 年"一带一路"沿线国家制造业出口占总商品出口的比重

数据来源：世界银行 WDI 数据库。

100％，而约旦、以色列、格鲁吉亚等国家则几乎没有任何能源的出口。能源出口是"一带一路"沿线国家外汇创收的重要手段，也是促进经济增长的重要引擎，但由于受外部因素的影响大而成为新兴市场国家经济和金融危机的导火索之一。对石油、天然气、矿产资源等大宗商品出口依赖较大的国家，在大宗商品价格下行周期往往会出现较为剧烈的金融波动。反观出口结构更多元化、对大宗商品出口依赖性较低的国家，包括波兰、中国等，其经济弹性更强，能够更好地应对外部经济和政治冲击。

除了在能源上把握了全球经济的命脉，"一带一路"沿线国家在全球制造业产业链中所发挥的作用也越来越大。中东欧、南亚和东南亚地区的能源储备较低，这些地区的国家能源出口占比大多在 20％以内，其能源资源禀赋决定了这些地区偏好于发展制造业。如图 4-23 所示，中东欧国家中很多都是传统工业强国，东南亚和南亚国家也依靠廉价劳动力优势，大力发展制造业，因此这些地区各国的制造业出口占总商品出口的比重显著高于其他地区的比重。典型国家代表是东南亚的越南、菲律宾、柬埔寨，以及中东欧的斯洛伐克、匈牙利、波兰，这些国家的制造业出口占比接近 90%。2019 年，中国的制造业出口占总货物出口的比重也高达 93.1%，比世界平均值高出 25%。值得关注的是，在这些国家的制造业出口中，中高科技产品的出口所占的比重也在逐年攀升，表现最为突出的是菲律宾。2018 年，菲律宾中高科技产品出口占制造业出口的比重高达 80.8%，远超世界平均值；中国的中高科技产品出口占比也高达 60.5%。这一方面是发展中国家经济结构转型和产业升级的体现，这些国家的出口已不局限于鞋帽衣袜等低技术附加值产品，而是向先进制造业过渡；另一方面也说明"一带一路"沿线国家在全球产业链中的地位正逐渐巩固，它们成为发达国家高科技产品装配制造过程中的重要一环。

尽管很多国家都实现了经常账户开放，并且将对外贸易作为重要的经济增长引擎，但在资本账户方面，很多国家都相对封闭。图 4-24 反映了"一带一路"沿线国家的金融开放程度①，

---

① Chinn-Ito 金融开放指数衡量的是一个国家资本账户的开放程度，它是介于 0 到 1 之间的变量，指标的设计基于 IMF 发布的《汇率安排和汇率管制年报》(*Annual Report on Exchange Arrangements and Exchange Restrictions*)，指数越大，表示一个国家的资本账户越开放。

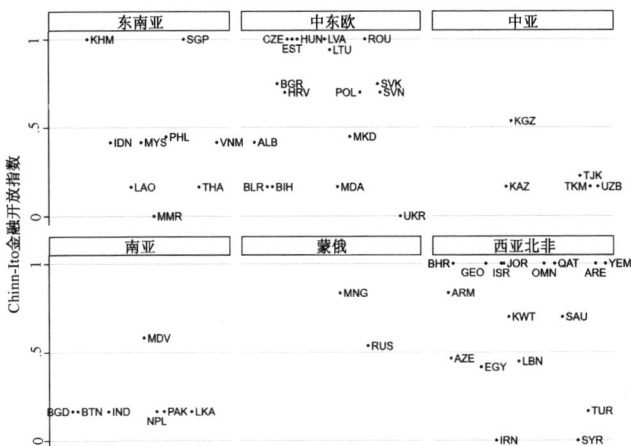

图 4-24 2018 年"一带一路"沿线国家的金融开放指数

由图可见，"一带一路"沿线国家的金融开放程度也呈现比较明显的地域特征。中东欧和西亚北非地区各国的金融开放程度较高，特别是其中一些经济发展水平较高的国家，而大多数东南亚、中亚、南亚地区"一带一路"沿线国家的金融开放指数均低于0.5。该指数对于金融开放度的定义仍有待商榷，但可以肯定的是，资本账户的适当封闭虽损失了一部分效率，但却有效地阻碍了国际热钱的快进快出，这使得发展中国家的宏观经济免遭国际经济波动的影响，也使得发展中国家宏观经济政策的有效性得以提高。如今，亚洲的一部分发展中国家，包括中国、印度、泰国、马来西亚、印度尼西亚等成为全球增长的新动能。适当的资本管制配合合理的货币和财政政策工具，能够帮助这些国家更好地应对全球金融危机的影响，在更加稳定的金融环境下实现实体经济的发展和赶超。

四、"一带一路"沿线国家经济金融发展的主要问题

"一带一路"是一个开放包容的合作框架，目前的合作网络所覆盖的国家和地区已经远超包括中国在内的这 65 个国家。尽管如此，我们仍可管中窥豹，通过这样一个小样本的分析，推断出"一带一路"国家在经济发展的过程中所存在的问题。比如，这些国家虽然经济增速快、潜力足，但除中国外，其他国家都受制于较小的经济体量和较低的经济发展水平，很难在全球经济体系特别是国际金融市场上扮演重要的角色。具有较高经济发展水平的工业化国家，包括中国、土耳其、波兰等面临着经济结构转型的难题；而经济发展水平较低的小型经济体，如巴基斯坦、乌兹别克斯坦等则亟须寻找符合自身比较优势的经济增长点。具体来说，我们认为"一带一路"沿线国家在经济发展过程中面临以下四个重点问题。

(一)单一的经济结构

单一的经济结构使部分"一带一路"沿线国家的经济具有较高的外部依赖性。

"一带一路"沿线国家中有不少国家的经济结构相对单一，

经济增长主要依赖某个行业，尚未形成全行业产业链。一些能源依赖型国家，如沙特阿拉伯和哈萨克斯坦的能源出口占总出口的比重超过 60%，而这些国家的经济发展又高度依赖出口。在 2008 年全球金融危机过后，沙特阿拉伯的净出口占 GDP 比重曾超过 25%，哈萨克斯坦的净出口占比也曾高达 20%。除了这些能源依赖型的国家，"一带一路"国家中也不乏外部依赖程度较高的工业化国家，如印度。一方面，印度缺乏能源和资源储备，工业生产的原材料大量依赖进口；另一方面，印度的高科技行业和高端服务业相当发达，而传统制造业基础则相对薄弱。这种空心化的产业结构不仅使得大量适龄劳动人口得不到充分就业，贫富分化加剧，引发一系列民生问题，而且使得国民经济的对外依赖程度提高。当国际大宗商品价格出现波动，或美国等发达国家的经济政策发生改变时，这些经济结构单一的国家，不管是以石油等大宗商品出口为主导产业的能源依赖型国家，还是印度等产业结构单一的工业化国家，都比产业链条完整、对外依存度较低的国家更容易出现经济波动。

经济结构单一的国家不仅易受到外部经济冲击的影响，而且在政治动荡时也缺乏强大的抵抗力。一些主要石油生产国，包括伊朗、俄罗斯等国都在近年内接连受到美国日益严厉的制裁。美国独断的单方面制裁和"长臂管辖"严重地影响了这些发展中国家的经济运行，而对石油等行业的过度依赖使得伊朗、俄罗斯等国在面临美国制裁和其他政治风波时缺乏招架之力，其后果就是金融市场动荡，实体经济迅速下滑，人民的生活水平受到较大的冲击（见图4-25）。

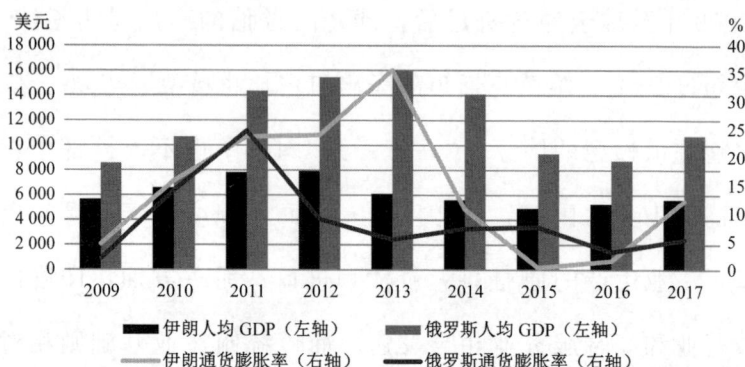

图 4-25 主要受制裁国家的人均 GDP 和通货膨胀率

数据来源：世界银行 WDI 数据库。

事实上，"一带一路"沿线国家外向型的发展模式在助力经济起飞的同时，也成为扰乱经济金融市场的主要导火索。在全球性和区域性金融危机中，"一带一路"沿线国家都不可避免地受到波及，这表现在汇率的大幅度贬值和金融市场的动荡。如图 4-26 所示，2008 年全球金融危机期间，在外部需求冲击下，几乎除人民币之外的所有发展中国家货币都经历了迅速的贬值，通过贬值来增强外贸竞争力。比如，2008 年土耳其里拉兑美元的汇率贬值近 23.8%，而智利比索则贬值 23%，其他"一带一路"沿线国家货币皆有不同程度的贬值。2015 年年末以来，美联储结束了非常规的货币政策操作，开始推动美国的货币政策正常化。美国经济的复苏和利率的回调不仅使得美元更加坚挺，也促使大量新兴市场国家资本的回流。以 2018 年为例，该年美国共加息 4 次，美元指数在一年之内上涨 4.1%，同年，土耳其货币贬值率高达 27.5%，中国、印度、智利等国家也分别出现了 4.2%、9.3%、6.6% 等不同程度的汇率下调。美国等发达国家与发展中国家的经济周期不一致，而美国货币政策的制定主要基于美国的国内经济情况，因此美国货币政策的外溢效应往往会带来发展中国家并不希望的后果。比如，强势的美元货币政策与脆弱的土耳其金融市场相叠加，导致大量国际资本撤离土耳其，既加剧了该国金融市场的恐慌，也不利于实体经济的可持续发展。

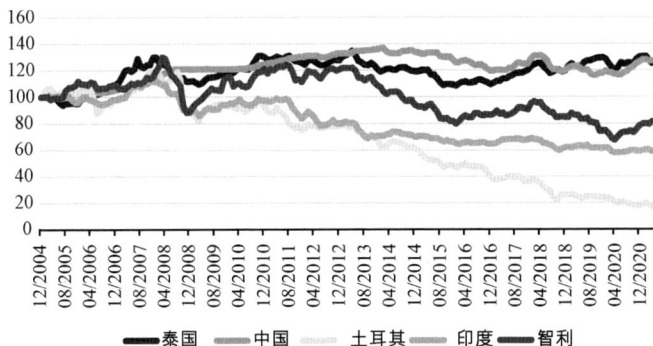

图 4-26 主要"一带一路"国家货币兑美元的汇率指数①

资料来源：CEIC 数据库，作者测算。

由外部因素引发的金融波动不仅使得金融资产缩水，通过

---

① 以 2004 年 12 月汇率为 100，指数上升表示各国货币兑美元汇率升值。

财富效应影响居民消费，而且使得抵押品价值降低，这与不断高抬的利率水平共同作用，对生产部门的投资行为造成了很大的冲击。更重要的是，金融市场的不确定性增强会改变企业部门对未来的预期，这将扭曲生产和投资行为，进而拖累经济的增长。"一带一路"沿线国家大多经济体量较小，并不能影响全球经济的走势，却一次又一次被发达国家的政策调整和经济波动所影响。"一带一路"沿线国家与发达国家处于不同的经济周期，因此美国、欧元区的财政货币政策往往与这些国家的政策需求相悖，这将加剧一些"一带一路"沿线国家的经济波动，造成短期增长停滞或衰退。

（二）脆弱的国内金融市场

脆弱的国内金融市场是"一带一路"沿线国家金融危机频发的根本原因。

外部因素带来的冲击可通过适当地管制资本和金融账户来缓解。在发展中国家中，除了经济发展水平较高的欧洲和拉美国家，绝大多数国家的金融开放指数都较低，包括泰国、印度尼西亚等东南亚国家。尽管如此，资本管制并不能有效地熨平跨境资本流动带来的冲击，消灭金融危机。按照 Chinn-Ito 对金融开放度的定义和测算，土耳其是"一带一路"沿线国家中最不开放的国家之一，也是 2018 年受强势美元及其他外部因素冲击最严重的国家，美元兑土耳其里拉的汇率由 2018 年年初的 3.78 一路升至 8 月中旬的 6.89，里拉单日最大跌幅甚至高达 20%，濒临崩盘。外汇市场的波动与股票、债券市场产生联动效应，土耳其的隔夜拆借利率 2018 年攀升超过 10%，伊斯坦布尔综合指数也累计下跌 20%。复杂的国际环境与脆弱的经济基本面叠加，使得土耳其的宏观金融风险不断积聚。截至 2017 年年末，土耳其的非金融部门负债率占 GDP 比重已经高达 113%，相较 2008 年年初上升近 30%，短期外债占外汇储备的比重超过国际公认的安全红线。对高杠杆、高经常账户赤字的土耳其来说，美元等主要国际货币的收紧进一步抬高其外债违约风险，银行体系的货币错配问题将可能引发一场新的金融风波，成为其经济增长的潜在隐患。与土耳其不同的是，智利、秘鲁等"一带一路"沿线国家却能保持稳定的资本净流入。即便是在美联储加息和缩表期间，这些国家受美国货币政策变动的影响也相对较轻。值得一提的是，一些经历较为严重资本外流的国家，如泰国、马来西亚等的资本账户都保持了适当的管制，而秘鲁、智利却是金融市场高度开放的经济体。①

　　在面临外部金融冲击时，适当的资本管制诚然可为国内市场提供缓冲之机，但健康稳定的金融体系和实体经济才是抵御外部金融风险的最重要武器。发展中国家大多处于中等收入水

---

① 该段的分析数据来源为 CEIC 数据库。

平，它们金融市场的广度和深度都远不及发达国家，在快速发展过程中，政策制定者将关注点集中在促增长，而对金融体系的一些问题不够重视。以1997年亚洲金融危机为例，危机之前，泰国等东南亚国家的银行体系信用扩张速度过快，大量国际资本涌入东南亚，银行资产负债表出现严重的货币错配问题。在出口竞争力不足且缺乏政府稳定基金的情况下，这些国家就极易受到外部冲击的影响。1996年泰国外债总额达1 087亿美元，其中短期外债为477亿美元，超过外汇储备额，同年度泰国的经常账户逆差还高达GDP的8%。这些国内金融系统和经济结构存在的问题才是"一带一路"沿线国家易受外部冲击影响的根本原因。

(三)欠发达国家的贫困陷阱

2019年，在65个"一带一路"沿线国家中，有21个国家的人均国民收入不及1 036美元，被划入中低收入或低收入国家行列。随着"'一带一路'朋友圈"的扩大，越来越多的发展中国家加入了"一带一路"合作网络，其中包括非洲的塞拉利昂、南苏丹、卢旺达、尼日利亚等。尽管起点低，但这些国家似乎未能充分利用后发优势，实现对中高收入或高收入国家的追赶。根据对65个沿线国家经济概况的统计，我们发现低收入水平的国家在2012—2019年的平均增速仅为2.3%，不及高收入国家的平均增速，而中低收入国家的增速也仅为5.4%。这样的增速不足以帮助这些欠发达国家实现经济追赶，更不用说这些国家较之发达国家还更容易出现剧烈的经济波动或增长停滞。在进一步分析不同国家的经济结构和经济增长驱动力时，我们不难对这一现象做出解释：大部分经济发展比较落后的国家都是资源贫瘠、缺乏完善工业基础和基础设施的小经济体，这些国家的政治环境不稳定，有些国家甚至战乱频发，这些因素导致收入水平较低的国家深陷低收入、低增长泥潭。

在对"一带一路"沿线国家GDP的支出结构进行研究时，我们发现低收入和中低收入国家还存在明显的高消费倾向，比如2019年吉尔吉斯斯坦的最终国民消费占GDP比重高达98.9%，尼泊尔的消费率则高达81%，这两个国家都是人均GNP仅为1 000美元左右的中低收入国家。高消费是以较高的外部失衡为代价的，这些消费率较高的中低收入国家的贸易赤字占GDP比重均超过20%，这意味着高消费不仅挤出了投资，导致经济增长乏力，而且使这些经济基本面十分脆弱的国家不得不背负沉重的外债，面临较高的经济风险。缺乏生产性资本的积累，这些经济发展水平较低的国家陷入贫困陷阱，难以实现经济赶超式发展。

除了储蓄不足、利率高企导致的私人部门投资萎靡，经济发展水平比较落后的"一带一路"沿线国家的政府部门也普遍存在财政收支失衡的问题。政府的财力弱，很难为公共支出筹措资金，这使得一些本该由政府主导的基础设施投资项目，如桥梁、道路、港口等的建设得不到推进。在 65 个"一带一路"沿线国家中，港口质量排前三的为新加坡、阿联酋和巴林，排最后三位的是吉尔吉斯斯坦、蒙古和塔吉克斯坦。良好的地理位置和充裕的政府投入都是优质港口得以形成的重要条件。优良港口则保证大量货物方便进出，这能够减少贸易摩擦，为经济迅速发展提供重要保障。"一带一路"沿线国家中有很大一部分国家处于欧亚板块的内陆地区，如尼泊尔、吉尔吉斯斯坦、塔吉克斯坦等，远离海洋的地理条件使得这些国家对外贸易存在天然的不便。这些内陆国家的政府部门必须积极筹措资金，加快铁路、公路等基础设施投资，为经济的自发快速增长创造良好的条件。

(四)部分"一带一路"沿线国家的增长停滞困境

"一带一路"沿线有一部分国家具备较好的发展基础，却在过去几十年内，经济增速下滑，经济波动加剧，长期增长陷入停滞。一些拉美国家的经济发展在 20 世纪 60 年代末期曾达到较高的水平(见图 4-27)。阿根廷 1974 年人均 GDP 为 2 845 美元，约占美国人均 GDP 的 39.4%，在当时达到了高收入国家水平。然而，在最近 40 多年的发展过程中，阿根廷并没有实现落

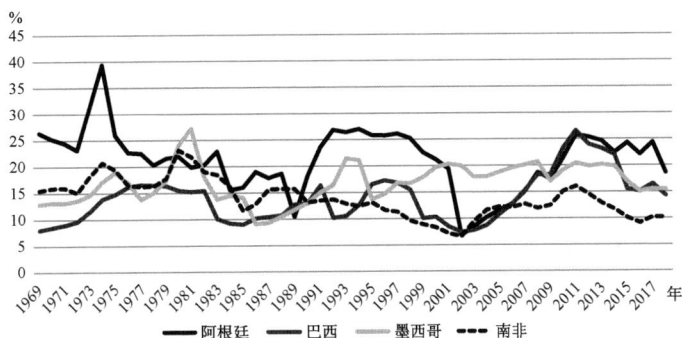

图 4-27 陷入增长停滞的国家人均 GDP 占美国人均 GDP 的比重

数据来源：世界银行 WDI 数据库，作者测算。

后者的赶超，反而与美国之间的差距越来越大。在接连经历拉美主权债务危机和金融危机后，阿根廷经济一蹶不振，人均 GDP 仅能达到美国 6.8％的水平。虽然危机过后，阿根廷经济出现迅速反弹，但脆弱的金融体系和不稳定的政治环境使得其极易受到来自国内外经济冲击的影响，难以实现长期稳定的经济增长。截至 2018 年年末，阿根廷的人均 GDP 为 11 653 美元，仍然处于中等收入国家的行列。其他陷入长期增长停滞的国家经历了近 50 年的发展，与美国之间的发展水平差距也并没有缩小。巴西、墨西哥和南非在 20 世纪 60 年代末人均 GDP 占美国人均 GDP 的比重都在 10％以上，而 2018 年该比重仍在 15％左右。

如图 4-28 所示，与部分陷入增长困境的不同发展中国家，新加坡、韩国等亚洲国家和地区却在同样时间段内实现了赶超式发展。在 20 世纪 60 年代至 90 年代，这些国家和地区的人均

GDP 从与上述发展停滞国家相似的起点，一路攀升至发达国家水平。日本的人均 GDP 从 1969 年的 1 669 美元上升至 1995 年的 43 440 美元，占美国人均 GDP 的比重从 33％上升至 151％；新加坡和中国香港的人均 GDP 更是从低于阿根廷的水平持续上升至 2018 年的 64 582 美元和 48 717 美元，占美国人均 GDP 的比重分别高达 103％和 78％，远超高收入水平基准线。

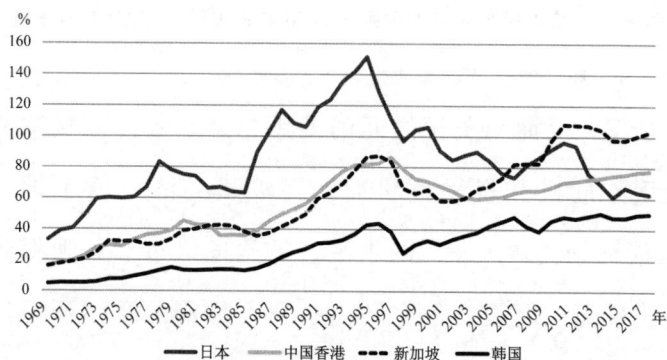

图 4-28　跨越中等收入的亚洲国家和地区人均

GDP 占美国人均 GDP 的比重

数据来源：世界银行 WDI 数据库，作者测算。

从相似的发展起点出发，却步入不同的发展路径，这是因为阿根廷、巴西、南非等拉美、非洲国家与亚洲国家选择了完全不同的发展道路。日本、中国等亚洲大国在开放的经济环境中大力发展制造业，发展的起步阶段不断学习引进西方发达国家的先进技术，在巩固制造业基础的同时，不断推动产业的升级，提高行业竞争力，在全球产业链中抢占关键地位。中国香港和新加坡作为重要的转口贸易国（地区），也在全球市场上找到自己的最优定位，它们大力开发港口，发展与商贸活动配套的高端服务业和金融行业，并力争在高科技领域占据一席之地。反观以巴西为代表的陷入中等收入困境的拉美国家，它们并没有能充分发挥自身的核心竞争力。巴西具有很好的自然资源条件：土地肥沃，适合大豆、橡胶树、果树等作物生长；森林覆盖率高达 62%，木材产量丰富；水资源也十分充沛，人均淡水拥有量为 2.9 万立方米；石油资源丰富，探明储量居世界第 15 位；更拥有种类多样且规模庞大的矿产资源，包括钛矿、锡矿、铁矿石等。[①] 尽管具有优异的自然资源禀赋，巴西却未能充分利用这些条件，发展现代化农业和工业。在 20 世纪 50 年代推广全面进口替代工业化，并致力于建设门类齐全的工业体系后，巴西的确经历了数十年的快速增长。然而，在经济起飞过程中，政府并没有能很好地处理收入再分配的问题，畸形的产业结构也使得制造业所能容纳的中低端就业岗位有限。其结果就是一部分资本家和庄园主先富起来，而社会绝大多数民众的收入水平仍低于最低工资水平，大量农村人口仍深陷贫困，贫富分化成为制约经济长期发展的重要社会问题。进口替代战略所带来的大量外债也是巴西及其他拉美国家金融动荡频发的根源。20 世纪 90 年代的新自由主义改革虽然让巴西出现了短期

---

① 数据来源是中国外交部官方网站。

经济增长，但在市场成为经济主导之后，经济的野蛮增长使得发展的天平从公平和效率兼顾倒向效率优先，而政府的作用被一再削弱，使得逆周期调节能力不足，宏观经济抗风险能力较弱。在美国等发达国家货币政策收紧、利率提高，抑或是发达国家经济出现下行压力时，拉美发展中国家无不出现大量资本外流和国内经济动荡。20世纪80年代初和90年代末的几次经济危机使得阿根廷、巴西等拉美国家很难重回经济稳定增长的快车道，成为陷入增长停滞困境的发展中国家的代表。

第五章　|　"一带一路"金融合作与
　　　　　中国资本市场

中国资本市场经过几十年的发展，在市场规模、体系结构、发展质量和开放水平等方面取得了长足进步。近年来，虽然面临着疫情冲击和国际贸易摩擦的影响，但中国的资本市场改革开放的步伐没有放缓，反而进一步加快：科创板、创业板试点注册制平稳落地；证券基金期货行业外资股比和业务范围国民待遇全面落实；沪深港通、沪伦通、ETF 互通等持续拓展；公募 REITs、期货期权等产品创新开放稳步推进，对全球金融机构和投资者的吸引力明显提升。同时，随着我国与"一带一路"经贸合作不断深化，双方在金融市场的联系也逐渐频繁。根据商务部的数据，2021 年，我国与沿线国家货物贸易额 11.6 万亿元，创八年来新高，同比增长 23.6%，占我国外贸总额的比重达到 29.7%。2021 年全年对沿线国家直接投资 1 384.5 亿元，同比增长 7.9%，占对外投资总额的比重达 14.8%。沿线国家企业对我国直接投资首次超百亿美元，达到 112.5 亿美元。"一带一路"项目建设稳步推进，我国企业在沿线国家承包工程完成营业额 5 785.7 亿元，占对外承包工程总额的 57.9%。2021 年，我国与相关国家新建了 8 个贸易畅通工作组和双边投资合作工作组，与塞内加尔签署了电子商务合作备忘录，与匈牙利、俄罗斯等签署了绿色发展、数字经济领域投资合作备忘录，合作机制日益完善，沟通渠道更加丰富。

一、中国资本市场国际化的历程

资本市场国际化是中国金融体制改革的重要组成部分，也是中国资本市场对外开放的具体体现，同时有利于进一步推动人民币实现国际化。中国资本市场国际化有如下几个重要的时间节点。

(一)B股发行

一般而言,以改革开放后的 1990 年上海证券交易所(以下简称"上交所")和深圳证券交易所(以下简称"深交所")成立为标志,中国资本市场得以正式重建。在境内资本市场尚处于初建的阶段,我国就开始尝试走国际化道路了。

最先发行 B 股的是上海真空电子器件股份有限公司,发行过程非常成功。由瑞士银行担任主承销商的电真空 B 股发行在 3 天内即被认购一空,并于 1992 年 2 月上市交易,这也让上海真空电子成为第一家以海外投资者直接购买股票投资形式开办的中外合资企业。这是我国企业第一次直接向外国投资者募集资金,开创了中国企业用股权来吸收外资的先河。

(二)H股发行

H 股也称国企股,指注册地在内地、上市地在香港的中资企业股票。H 股为实物股票,实行"T+0"交割制度,无涨跌幅限制。内地机构投资者和个人投资者均可以投资 H 股,但内地个人投资者证券账户和资金账户之和需超过 50 万元。

1993 年 7 月,国企青岛啤酒赴港上市,非常受欢迎:在 4 天的招股期内,获得 110.4 倍超额认购;正式在香港联合交易所(以下简称"香港联交所")挂牌买卖的第一天,以每股 3.6 港元的价格收盘,比发行价 2.8 港元上涨 28.5%,全日成交量在当天香港股市排名第一。这是中国国有企业第一次在境外成熟市场直接上市交易。当时的香港证监会主席岁德滔认为,这也是香港证券市场发展的里程碑。

(三)QFII/RQFII

QFII(qualified foreign institutional investor)是合格的境外机构投资者的英文简称,QFII 机制是指外国专业投资机构到境内投资的资格认定制度。RQFII 是人民币境外机构投资者的英文简称,额度比 QFII 少,也称小 QFII,是境外机构用人民币进行境内投资的制度。2019 年 9 月 10 日,国家外汇管理局宣布,经国务院批准,决定取消 QFII 和 RQFII 投资额度限制。同时,RQFII 试点国家和地区限制也一并取消。

(四)沪港通、深港通、沪伦通

2014 年 11 月 17 日,沪港通正式开通。沪港通包括沪股通、港股通两个部分,沪股通的股票范围是上交所的上证 180 指数、上证 380 指数的成分股,以及上交所上市的 A+H 股公司股票。港股通的股票范围是香港联交所恒生综合大型股指数、恒生综合中型股指数的成分股和同时在香港联交所、上交所上市的

A＋H 股公司股票。香港证监会要求参与港股通的境内投资者仅限于机构投资者及证券账户与资金账户资产合计不低于 50 万元人民币的个人投资者。

深港通是深港股票市场交易互联互通机制的简称，指深交所和香港联交所有限公司建立技术连接，使内地和香港投资者可以通过当地证券公司或经纪商买卖规定范围内的对方交易所上市的股票。2014 年 11 月，在沪港通启动时间定格在 11 月 17 日后，市场将目光转向深港通和基金互认。经过两年多的筹备，深港通终于落地，中国证监会与香港证监会发布联合公告于 2016 年 12 月 5 日正式启动深港通。中国证监会、香港证监会已订立监管合作安排和程序，及时妥善处理运行过程中出现的重大或突发事件。

2019 年 6 月 17 日，中国证监会和英国金融行为监管局发布了沪伦通联合公告，原则批准上交所和伦敦证券交易所（以下简称"伦交所"）开展沪伦通。同日，上交所发行的沪伦通首只全球存托凭证（GDR）产品在伦交所挂牌交易。在沪伦通启动之际，上交所伦敦办事处正式开业，其主要职能是按照上交所的国际化战略，支持其开展包括沪伦通在内的各类业务。

2020 年 6 月 17 日，上交所上市公司中国太平洋保险股份有限公司 GDR 在伦交所上市，受到海外投资者的积极认购，募资总额为 18 亿元。

2022 年 7 月 8 日，明阳智能在伦敦证券交易所递交了招股书，表示将通过发行 GDR 的方式实现在伦敦挂牌上市。

二、中国资本市场支持"一带一路"发展现状

(一)各类银行支持"一带一路"概况及主要作用

整体而言，中国的各类银行主要包括各类政策性银行和商业银行，也在支持"一带一路"建设中发挥着引领和示范作用。

1. 各类银行对"一带一路"沿线国家的金融支持力度不断加大，同时覆盖的范围越来越广

(1)国家开发银行

在"一带一路"的金融支持上，政策性银行发挥着主导角色，支持"一带一路"沿线国家推进基础设施、产能合作、金融合作等多领域项目。中国国家开发银行(以下简称"国开行")分别设立了"一带一路"基础设施专项贷款(1 000 亿元等值人民币)、"一带一路"产能合作专项贷款(1 000 亿元等值人民币)、"一带一路"金融合作专项贷款(500 亿元等值人民币)。截至 2019 年年末，国开行专项贷款累计实现合同签约近 4 000 亿元等值人民币，累计发放贷款超过 2 400 亿元等值人民币。国开行通过专项

贷款支持具有社会影响力及经济效益的基础设施、产能合作、金融合作等项目落地。例如，在基础设施领域，国开行融资支持印度尼西亚雅万高铁建设，该项目成为中国首个全系统、全要素、全产业链"走出去"的高铁项目。在国际金融合作领域，国开行与哈萨克斯坦开发银行、非洲进出口银行、韩国产业银行等金融机构开展多币种授信合作，通过银团贷款、联合融资、同业授信等方式，联合相关国家和地区的金融机构参与"一带一路"项目建设，实现互利共赢、共担风险，有效促进了多双边经贸合作、重点项目建设和人民币国际化。

2021年，国开行设立了上合组织银联体300亿元人民币等值专项贷款（二期）、10亿美元"中拉发展合作"专项贷款和10亿美元"中拉数字经济合作"专项贷款，推动金融交流和项目合作。

（2）中国进出口银行

中国进出口银行（以下简称"进出口银行"）也设立了"一带一路"专项贷款（1 000亿元等值人民币）、"一带一路"基础设施专项贷款（300亿元等值人民币）。截至2019年年末，进出口银行的"一带一路"执行中项目超过1 800个，贷款余额超过1.6万亿元人民币，并设立了3 000亿元人民币进口专项额度，支持扩大进口。进出口银行参与的项目融资包括巴基斯坦卡洛特水电站项目、马来西亚槟城太阳能电池片及太阳能组件生产线项目等。进出口银行在绿色经济发展方面也起到了示范和引导作用。

截至 2021 年 12 月，进出口银行"一带一路"绿色领域贷款余额超过千亿元，对助力沿线国家绿色发展产生了积极的效果。同年，进出口银行"一带一路"贷款余额同比增长超 11%。

进出口银行还是中国政府指定的援外优惠贷款和优惠出口买方信贷（以下简称"'两优'贷款"）的承办行。2021 年年末，"两优"贷款业务已覆盖东盟、南亚、中亚、西亚、非洲、拉美、南太、中东欧地区 90 多个国家。2021 年，在新冠肺炎疫情肆虐极大影响工程进度的情况下，进出口银行利用"两优"贷款帮助发展中国家新建及改扩建公路桥梁 1 600 多千米，铁路近 600 千米，输变电线路近 2 200 千米，新增发电装机容量 238 兆瓦，新建可满足 20.1 万公顷农田用水的灌溉需求，以及多个变电、轨道交通、数据通信项目，显著改善了广大发展中国家的投资环境和民生福祉，促进了区域互联互通。

作为主要转贷行，2021 年，进出口银行新签转贷协议 13 份，协议金额达 9.09 亿美元，转贷的外国政府贷款国别共计 24 个，国际金融机构共计 7 个。2021 年，进出口银行共办理国际结算、担保、贸易融资业务 1 889.76 亿美元，其中国际结算业务 1 004.63 亿美元、担保业务 123.79 亿美元、贸易融资业务 761.34 亿美元。2021 年年末，贸易金融授信业务余额 920.82 亿美元。在绿色基金方面，进出口银行积极运用股权投资基金、担保等多种金融形式，重点支持"一带一路"清洁项目合作和绿色可持续发展，通过区域信用担保与投资基金以增信担保方式支持绿色经济发展，累计为三个境外绿色债券提供担保。

（3）各类商业银行

各类商业银行在"一带一路"的建设中，也发挥着越来越重要的作用。根据银保监会的信息，截至 2020 年年末，共有11 家中资银行在 29 个"一带一路"沿线国家设立了 80 家一级分支机构；3 家中资保险公司在新加坡、马来西亚、印度尼西亚设立了 7 家营业性机构。与此同时，共有来自 23 个"一带一路"沿线国家的 48 家银行在华设立了机构；有一个"一带一路"沿线国家（新加坡）的保险机构在华设立了合资公司。

四大国有商业银行是"一带一路"建设的融资主力军，在"一带一路"沿线国家和地区不断加快完善布局，并在为项目提供多元化的金融产品及服务方面取得了显著成效。例如，中国银行（以下简称"中行"）全方位推进"一带一路"金融合作模式。截至 2019 年年末，中行累计跟进 600 个"一带一路"重大项目。2015—2019 年，中行在"一带一路"沿线国家共实现超过1 600 亿美元授信支持；共发行五期"一带一路"主题债券，总规模近 150 亿美元。除了持续完善在沿线国家的机构网络，中行也遵循市场化原则支持沿线重点合作项目，引导全球金融资源向"一带一路"沿线国家汇聚。

中国农业银行（以下简称"农行"）通过并购、贷款、出口信贷等主要金融工具支持"一带一路"沿线国家在农业、能源等行业发展。截至 2018 年年末，农银已在 17 个国家和地区建立了 22 个海外机构，覆盖亚洲、欧洲、北美洲和大洋洲。2018 年农行的海外资产总额达到 1 200 亿美元，比上年增长 11.8%。农行推出了一系列"走出去"金融产品，如跨境并购贷款、出口信贷、海外债券和产业基金等，为中国企业提供各类国内外融资服务。

截至 2018 年年末，中国工商银行（以下简称"工行"）已在 47 个国家和地区设立 426 家机构，并通过收购南非标准银行集团的方式间接覆盖非洲的 20 个国家。工行还与 143 个国家和地区的 1 545 家海外银行建立了代理关系，在"一带一路"21 个沿线国家设立了 131 个分支机构。在东盟地区，工行在泰国、越南、老挝、柬埔寨、缅甸、印度尼西亚、马来西亚和新加坡 8 个国家设有 60 家分行。第一届"一带一路"国际合作高峰论坛期间，工行发起成立"一带一路"银行间常态化合作机制，经过两年的发展已覆盖 45 个国家和地区的 85 家成员机构，合作沿线项目超过 59 个，融资总额超过 400 亿美元。[①]

此外，中信银行、招商银行、上海浦东发展银行、兴业银

---

① 相关数据来自《融合投融资规则促进"一带一路"可持续发展——"一带一路"经济发展报告（2019）》。

行等各大股份制商业银行也通过贷款、股权投资、出口信贷、债券、担保、货币互换等主要金融工具,支持"一带一路"沿线国家基础设施、能源、运输、电子商务、制造等行业发展。

(4)专项投资基金

自"一带一路"倡议提出以来,专项投资基金作为"一带一路"项目的重要融资工具发挥了重要作用。其中,特别值得一提的是丝路基金,其资金规模为400亿美元和1 000亿元人民币,外汇储备(通过梧桐树投资平台有限责任公司)、中国投资有限责任公司(通过赛里斯投资有限责任公司)、国开行、进出口银行出资的比例分别为65%、15%、5%和15%。丝路基金按照市场化、国际化、专业化的原则开展投资业务,重点围绕"一带一路"建设推进与相关国家和地区的基础设施建设、资源开发、产能合作和金融合作等项目,到2017年,投资项目覆盖了巴基斯坦、哈萨克斯坦、俄罗斯、阿联酋、埃及和"一带一路"沿线的其他国家。截至2018年年末,丝路基金协议投资金额约110亿美元,实际出资金额约77亿美元,并出资20亿美元设立中哈产能合作基金。

(5)出口信用保险机构

中国出口信用保险公司(以下简称"中国信保")是中国唯一一家承担出口信用保险业务的政策性国有保险公司。来自国家的预算拨款主要用于促进对外贸易和投资的发展。根据其

2021 年度报告，中国信保当年支持对"一带一路"沿线国家出口和投资 1 699.6 亿美元，同比增长 11.3%，支付赔款 3.3 亿美元。由于"一带一路"项目多与基础设施建设和能源建设等方面相关，项目风险较大，且不同国家投资环境有较大差异，中国保险机构的风险补偿对于有关市场主体参与投融资较为重要。

（6）外资银行

除以上五类主体外，外资银行也是"一带一路"建设的重要参与者。例如，渣打银行的全球网络布局与"一带一路"沿线市场的重合度逾 75%，是较早将"一带一路"业务定位为集团战略重点的国际银行之一。除了在 2016 年设立"一带一路"执行办公室，渣打银行也先后与中国信保、进出口银行签署"一带一路"合作谅解备忘录，确立"一带一路"合作伙伴关系；参与签署并承诺与各方通力合作实施《"一带一路"绿色投资原则》；推出创新跨境交易产品，支持资金融通等。

2. 融资服务区域集中度较高

从我国主要银行在"一带一路"沿线开展项目贷款和银团贷款的情况来看，融资业务呈现出较强的区域集中性，大多集中在与我国地理距离相近、投资环境较好、文化相似度较高且经贸投资往来密切的国家。根据宋爽、王永中（2018）整理的数据（见表 5-1），我国主要银行对东盟地区提供的项目贷款和银团贷款数量最多、金额最大，分别为 132 个和 83 个、781.54 亿美

元和 457.29 亿美元，东盟获得的项目贷款和银团贷款的数量在
我国向沿线国家贷款的占比分别达到 70%和近 50%，而在项目
贷款总投资金额和银团贷款总金额中的比重也分别超过 40%和
35%。获得我国融资服务较多的地区其次是南亚、西亚和中亚，
但是其数量和金额与东盟相比有着较为明显的差距。南亚、西
亚和中亚获得的项目贷款和银团贷款数量总和分别为 48 个和
53 个。独联体、中东欧、东亚地区相对而言获得的项目贷款和
银团贷款数量最少。

表 5-1　我国主要银行在"一带一路"沿线国家提供贷款的区域分布情况

区域	项目贷款		银团贷款	
	数量(个)	总额(亿美元)	数量(个)	总额(亿美元)
东盟	132	781.54	83	457.29
南亚	22	181.08	26	144.23
西亚	16	277.80	19	301.04
中亚	10	398.51	8	220.99
独联体	4	211.89	15	154.88
中东欧	4	42.60	17	40.34
东亚	1	0.89	2	3.39
合计	189	1 894.32	170	1 322.14

注：项目贷款包括四大国有商业银行和两大政策性银行 1994—2016 年提供
的大型项目(1 000 万美元及以上)贷款；银团贷款包括中国工商银行、国家开发
银行和中国进出口银行 1995—2016 年参与提供的银团贷款(仅含非金融行业的银
团贷款)。

　　我国主要银行提供融资最多的地区也与中国直接投资最多的
地区呈现出较强的一致性。商务部公布的数据显示，越南和马来

西亚是 2018 年倡议沿线投资的主要目的地。在 11 个东南亚国家中，有 7 个被列为首选投资目的地。在过去的几年中，新加坡和印度尼西亚经常位列榜首，标志着东南亚已经成为中国对外投资的热门地区。如表 5-2 所示，2020 年，中国对外直接投资流量前 20 位的东南亚国家（地区）中有新加坡（59.2 亿美元）、印度尼西亚（22 亿美元）、泰国（18.8 亿美元）、越南（18.8 亿美元）、老挝（14.5 亿美元）、马来西亚（13.7 亿美元）、柬埔寨（9.6 亿美元）。

表 5-2　2020 年中国对外直接投资流量前 20 位的国家（地区）

序号	国家（地区）	流量（亿美元）	占总额比重（%）
1	中国香港	891.5	58
2	开曼群岛	85.6	5.6
3	英属维尔京群岛	69.8	4.5
4	美国	60.2	3.9
5	新加坡	59.2	3.9
6	荷兰	49.4	3.2
7	印度尼西亚	22	1.4
8	瑞典	19.3	1.3
9	泰国	18.8	1.2
10	越南	18.8	1.2
11	阿拉伯联合酋长国	15.5	1
12	老挝	14.5	0.9
13	德国	13.8	0.9
14	马来西亚	13.7	0.9
15	澳大利亚	12	0.8
16	瑞士	10.7	0.7

续表

序号	国家（地区）	流量（亿美元）	占总额比重（%）
17	柬埔寨	9.6	0.6
18	巴基斯坦	9.5	0.6
19	英国	9.2	0.6
20	中国澳门	8.3	0.5

数据来源：2020 年中国对外直接投资统计公报。

3. 投资领域多集中于基础设施建设和能源开发

从行业分类上来看，我国在"一带一路"沿线国家的投资行业和当前政策性金融所支持的"一带一路"的行业呈现出较高的一致性。2020 年年末，中国境内投资者在"一带一路"沿线的 63 个国家设立境外企业超过 1.1 万家，涉及国民经济 18 个行业大类，当年实现直接投资 225.4 亿美元，同比增长 20.6%，占同期中国对外投资流量的 14.7%。从行业构成看，流向制造业的投资 76.8 亿美元，同比增长 13.1%，占 34.1%；建筑业 37.6 亿美元，占 16.7%；电力生产和供应业 24.8 亿美元，占 11%；租赁和商务服务业 19.4 亿美元，占 8.6%；批发和零售业 16.1 亿美元，占 7.1%；科学研究和技术服务业 8.7 亿美元，占 3.8%；信息软件和信息技术服务业 8.2 亿美元，占 3.6%；金融业 8 亿美元，占 3.5%。2013—2020 年，中国对沿线国家累计直接投资 1 398.5 亿美元。

同时，从我国银行提供项目贷款的主要行业分布来看，贷款项目大量集中分布于资源能源行业。从表 5-3 中可以看到油

气、基础设施、电力、矿业、清洁能源等项目贷款和银团贷款
占我国在"一带一路"沿线国家发放的贷款总额的比重。

表 5-3 我国主要银行在"一带一路"沿线提供贷款的行业结构

行业	项目贷款		银团贷款	
	数量（个）	总额（亿美元）	数量（个）	总额（亿美元）
油气	15	554.75	38	414.40
基础设施	33	404.50	50	248.48
电力	44	364.04	18	128.17
制造业	32	227.00	31	256.94
房地产	26	247.92	12	17.90
矿业	8	39.12	13	62.17
清洁能源	25	49.32	—	—
其他	6	7.16	8	194.07
合计	189	1 894.32	170	1 322.14

注：在银团贷款的行业分类中无"清洁能源"项。

数据来源：Dealogic 数据库，宋爽、王永中（2018）。

当前政策性金融所支持的"一带一路"项目多集中于资源能
源和基础设施行业。国开行在"一带一路"相关国家已储备了
500 多个项目，主要集中在基础设施、产能合作、能源资源、
金融合作、民生等领域，涉及融资金额超过 3 500 亿美元。
2019 年，国开行主动服务"一带一路"建设，落实 2 500 亿元等
值人民币专项贷款支持"五通"建设，其中，1 000 亿等值人民币
用于基础设施，1 000 亿用于国际产能合作，500 亿用于金融合
作。进出口银行所支持的项目多以基础设施联通、经贸合作、
产业投资、能源资源合作等为重点领域。在其对外公布的基础

设施类项目中，交通项目共 16 个，电力和通信项目共 14 个，占公开项目总数的 76.9%；其他项目中，工业园区、农业类和民生类项目共 9 个，占比相对较低。另据进出口银行 2021 年的年报数据，2021 年年末其对外合作贷款余额达 9 400 亿元，其中 2 158 亿元用于支持我国企业承包境外基础设施建设等工程项目，占比 23%（表 5-4）。

表 5-4　进出口银行 2021 年对外合作贷款结构分布情况

项目	2021 年贷款余额（亿元人民币）	较年初增加余额（亿元人民币）	增幅（%）
对外承包工程贷款	2 158	−155	−7
国际主权合作贷款	5 606	103	2
金融机构合作贷款	1 211	75	7
转贷款	59	2	4
其他贷款	368	−50.49	−12
对外合作领域	9 400	−26	−0.2

资料来源：中国进出口银行 2021 年年报。

4. 企业与"一带一路"沿线国家经贸合作不断加深

我国对"一带一路"沿线国家投资稳步增长。截至 2020 年年末，中国 2.8 万家境内投资者在全球 189 个国家（地区）设立对外直接投资企业 4.5 万家，全球 80% 以上国家（地区）都有中国的投资，年末境外企业资产总额 7.9 万亿美元。我国在"一带一路"沿线国家设立境外企业超过 1.1 万家，2020 年实现直接投资 225.4 亿美元，同比增长 20.6%，占同期流量的 14.7%；年末存量 2 007.9 亿美元，占存量总额的 7.8%。2013—2020 年中国对沿线国家累计直接投资 1 398.5 亿美元。

从商务部公布的数据来看，我国企业在对"一带一路"沿线国家非金融类直接投资和沿线国家新签对外承包工程项目合同上，呈现较为明显的增长态势。2015 年，我国企业对"一带一路"相关国家进行的直接投资额合计 148.2 亿美元，在"一带一路"相关的国家新签对外承包工程项目合同 3 987 份，新签合同额 926.4 亿美元。到了 2021 年，我国企业在"一带一路"沿线国家非金融类直接投资额达到了 203 亿美元，在"一带一路"沿线国家的新签对外承包工程项目合同 6 257 份，新签合同额 1 340.4 亿美元。具体数据详见表 5-5。

表 5-5 2015—2021 年我国企业对"一带一路"沿线国家投资合作情况

年份	非金融类直接投资（亿美元）	非金融类直接投资主要流向国家/地区	新签对外承包工程项目合同（份）	新签合同额（亿美元）
2015	148.2	新加坡、哈萨克斯坦、老挝、印度尼西亚、俄罗斯和泰国等	3 987	926.4
2016	145.3	新加坡、印度尼西亚、印度、泰国和马来西亚等	8 158	1 260.3
2017	143.6	新加坡、马来西亚、老挝、印度尼西亚、巴基斯坦、越南、俄罗斯、阿联酋和柬埔寨等	7 217	1 443.2
2018	156.4	新加坡、老挝、越南、印度尼西亚、巴基斯坦、马来西亚、俄罗斯、柬埔寨、泰国和阿联酋等	7 721	1 257.8

续表

年份	非金融类直接投资（亿美元）	非金融类直接投资主要流向国家/地区	新签对外承包工程项目合同（份）	新签合同额（亿美元）
2019	150.4	新加坡、越南、老挝、印度尼西亚、巴基斯坦、泰国、马来西亚、阿联酋、柬埔寨和哈萨克斯坦等	6 944	1 548.9
2020	177.9	新加坡、印度尼西亚、越南、老挝、马来西亚、柬埔寨、泰国、阿联酋、哈萨克斯坦和以色列等	5 611	1 414.6
2021	203	新加坡、印度尼西亚、马来西亚、越南、孟加拉国、阿拉伯联合酋长国、老挝、泰国、哈萨克斯坦和柬埔寨等	6 257	1 340.4

从表5-5中可以明显看出，我国企业对"一带一路"沿线国家非金融类直接投资的主要流向国家较为固定。新加坡由于其良好的投资环境，受到我国企业投资的青睐。此外，印度尼西亚、马来西亚、越南、阿联酋、柬埔寨、哈萨卡斯坦等国也获得了我国企业大量非金融类直接投资。

5. 国内外金融机构开展密切合作形成多元化融资架构

随着"一带一路"建设的不断深入，中国的开发性金融机构、政策性银行、商业银行以及出口信用保险公司之间的合作也不断加深，其合作形式包括共同设立基金、开展银团贷款、信息共享等多种，不同的组合形成了多元化的融资架构。当然，"一带一路"沿线国家获取各类资金的来源多种多样，但毫无疑问的是，中国金融机构在其中扮演着重要的角色。据美国企业研究所（AEI）统计，2020 年中国对"一带一路"国家可再生能源投资占比达 57%，首次超过传统化石能源。中国银行作为在"一带一路"国家布局最广的银行，2015—2021 年第二季度末对"一带一路"国家累计提供授信（包括贷款、信用证及保函等）超过 2 000 亿美元，这些资金多被用于可再生能源开发以及绿色基础设施的建设。比如，中国银行支持建设了世界最大的光伏电站——阿布扎比 1.5 吉瓦太阳能光伏电站，还为世界最大的光电综合体——迪拜 950 兆瓦光热、光伏一体化电站项目提供了融资方案。

根据波士顿大学 2018 年的出版物《推动绿色"一带一路"倡议：从言语变为行动》，2015—2017 年，六家中资银行每年投入能源和运输行业的银团贷款为 360 亿美元至 540 亿美元，是 2012—2014 年的 3 倍。2014—2017 年，六家中资银行参与了银团业务，为 32 个"一带一路"倡议伙伴国家的 165 个能源和运输项目提供了价值 1 430 亿美元的贷款。

非中国的资金也在"一带一路"沿线国家发展中发挥着重要作用。例如，国开行发挥上合组织银联体、中国－中东欧银联体、中国－东盟银联体、中日韩－东盟银联体、中国－阿拉伯国家银联体、中非银联体、中国－拉美开发性金融合作机制等多边金融合作机制作用，设立上合组织银联体 300 亿元人民币等值专项贷款（二期）、10亿美元"中拉发展合作"专项贷款和10亿美元"中拉数字经济合作"专项贷款等，推动"一带一路"项目落地。中国人民银行和法国中央银行等机构牵头发起组建了央行与监管机构绿色金融网络（NGFS）。截至2021年7月，NGFS成员共有89家中央银行和监管机构、13家观察员机构，其中包括泰国、马来西亚、摩洛哥等"一带一路"沿线国家的中央银行和监管机构。在中国人民银行的指导下，中国金融学会绿色金融专业委员会与伦敦金融城联合保尔森基金会等多家机构共同起草了《"一带一路"绿色投资原则》（GIP）。截至2020年年末，已有39家大型金融机构签署了GIP，其中包括来自巴基斯坦、哈萨克斯坦、蒙古等"一带一路"沿线国家的金融机构。中国进出口银行与俄罗斯开发银行、荷兰国际集团、（非洲）贸易和发展银行等外国银行合作，共同出资或提供流动性贷款以支持出口买方信贷。

下面将以典型项目为例，说明政策性金融支持"一带一路"建设以及多国金融机构合作的部分成果。

项目一：欧洲复兴开发银行、亚投行等多元化项目融资建设哈萨克斯坦风电项目

札纳塔斯100兆瓦风电项目是哈萨克斯坦也是整个中亚地区最大的风电厂项目。该项目位于哈萨克斯坦南部札纳塔斯镇，由中国电力国际控股公司和哈萨克斯坦当地企业Visor投资公司联合建设运营，2020 年 9 月实现首批风机并网发电。
2020 年 10 月，该项目获得欧洲复兴开发银行、亚洲基础设施投
资银行、中国工商银行以及绿色气候基金总计 9 530 万美元融资
支持。其中，欧洲复兴开发银行在哈萨克斯坦可再生能源框架
下提供了 108.5 亿哈萨克斯坦坚戈（2 480 万等值美元）贷款支
持，亚投行提供 3430 万美元，中国工商银行提供 58.41 亿坚
戈（1 330 万等值美元），绿色气候基金提供了 2 290 万美元优惠
贷款。

项目二：国开行贷款支持斯里兰卡莫拉格哈坎达灌溉项目

斯里兰卡莫拉格哈坎达灌溉项目是斯里兰卡最大的水利工
程枢纽工程，位于该国中部省东北部。项目所在地是原内战的
冲突地区和季风影响下干湿分明、缺乏灌溉用水及饮用水的旱
区，一直是斯里兰卡政府关心的重点民生问题。该项目于
2012 开工建设，中国水电建设集团国际工程有限公司承建，中
国国家开发银行提供贷款支持。

该项目总投资为 2.52 亿美元，融资需求为 2.14 亿美元。
国开行充分发挥其大额中长期贷款的优势，以市场化手段构建
融资机制，积极推进项目开发评审，2012 年仅用半年的时间
内实现贷款承诺、合同签订和贷款发放。2019 年，该项目入
选由世界银行和联合国粮农组织联合评定的首届全球减贫最佳
案例。

项目三：第三方融资参股亚马尔液化天然气一体化项目

亚马尔液化天然气一体化项目是中国提出"一带一路"倡议后在俄罗斯实施的首个特大型能源合作项目，位于俄罗斯亚马尔半岛，地处北极圈内，是目前全球最大的天然气勘探、开发、液化、运输、销售一体化项目。项目共有四条液化天然气生产线，设计产能年产 1 740 万吨液化天然气。2020 年，实际液化天然气产量 1 880 万吨，超过设计产能 14％。该项目由多方参股的形式完成融资，亚马尔项目的股东为俄罗斯诺瓦泰克公司、法国道达尔公司、中国中石油天然气集团及丝路基金，分别持股 50.1％、20％、20％、9.9％。

亚马尔项目的总资本支出超过 270 亿美元，其中第三方融资约 190 亿美元，融资来源国包括俄罗斯、中国、法国、日本、意大利、德国、瑞典、奥地利等多国金融机构，是一个多方共同参与的宏大项目。在"一带一路"倡议的背景下，丝路基金经过充分尽职调查和审慎评估，购买了亚马尔 9.9％的股份，并且向项目股东诺瓦泰克公司提供了为期 15 年、总额约 7.3 亿欧元的专项贷款，对项目给予的总体支持超过 20 亿美元，同时，丝路基金的入股也对项目起到了至关重要的增信作用。

项目四：中国工商银行商业性贷款支持河钢集团并购塞尔维亚公司

塞尔维亚斯梅代雷沃钢厂位于欧洲东南部塞尔维亚共和国

的斯梅代雷沃市，2016 年被中国河钢集团收购。在此之前，塞尔维亚斯梅代雷沃钢厂虽被美国企业收购，但已经濒临破产。2016 年 4 月，河钢集团与塞尔维亚政府签约，以 4 600 万欧元收购斯梅代雷沃钢铁厂，保留其 5 000 名员工，成立了塞尔维亚钢厂。中国工商银行河北分行提供并购贷款 2 760 万欧元，流动资金贷款 5 000 万欧元，助力企业顺利完成收购。

项目五：中国信保支持巴西 EGP Nova Olinda B Solar 与墨西哥钻井服务出口项目

出于传统能源资源短缺、水电资源饱和等多方面因素，2015 年前后，巴西政府出台一系列改革方案和经济刺激政策，大力发展光伏产业，其中一项重大举措即为进口中国的光伏电站。EGP Nova Olinda B Solar 项目与中国晶科达成进口协议，中国银行和西班牙桑坦德银行组成的银团为 EGP 巴西提供 2.53 亿美元的融资，意大利国家电力公司为其担保，中国信保则提供买方信贷担保，承担项目的政治风险和商业风险。

墨西哥项目的钻井作业服务出口方为中海油田服务股份有限公司，进口方为墨西哥石油勘探公司，借款人为其母公司墨西哥国家石油公司，融资银行为日本的三井出口银行，融资总额 4.15 亿美元，中国信保提供了买方信贷保险，提供一揽子融资解决方案。此项目中，中国信保提供通过融资保险保障服务，发挥了协调资源、风险保障和融资促进的作用，助力中国技术和服务"走出去"。

项目六：进出口银行支持中老铁路项目

中老铁路项目是中老两国最高领导人亲自决策和推动的重大合作项目，是落实"一带一路"倡议与老挝变"陆锁国"为"陆联国"的战略对接项目，是中老友谊的标志性工程。该项目于2021年12月3日全线通车运营。进出口银行高度重视中老铁路项目，为项目建设提供了有力的金融支持。

项目七：国开行支持提升中欧班列基础设施能力

中欧班列是连接亚欧大陆的陆路运输骨干。国开行发布支持中欧班列基础设施能力提升的相关行动方案，不断丰富"班列＋金融"模式，陆续支持西安、成都、乌鲁木齐等物流枢纽和集结中心，阿拉山口、霍尔果斯等口岸基础设施，中白商贸物流园等园区项目建设，以及中欧班列"齐鲁号"等高效运营。

项目八：进出口银行支持塞尔维亚 E763 高速公路二期项目

塞尔维亚 E763 高速公路是欧洲路网 11 号走廊的重要组成部分，也是塞尔维亚境内的南北交通干线，对带动当地经济和社会发展具有重要意义，也被称为该国公路运输的"生命线"。该项目全长 17.6 千米，设计时速 120 千米，建成后可向南连通 E763 高速公路现有 152 千米路段，有助于实现该公路的全线贯通。2021 年 12 月，该项目完成终验，是塞尔维亚近 30 年内首个提前完工的基建项目。中国进出口银行为该项目提供了融资支持。

6. 人民币在"一带一路"经贸往来中的作用逐渐突出

近年来，人民币在"一带一路"沿线国家和地区的接纳度和使用率不断提高。中国人民银行《2021年人民币国际化报告》的数据显示，2020年，中国与"一带一路"沿线国家人民币跨境收付金额超过4.53万亿元，同比增长65.9%，占同期人民币跨境收付总额的16.0%。其中货物贸易收付金额8 700.97亿元，同比增长18.8%，直接投资收付金额4 341.16亿元，同比增长72.0%。截至2020年年末，中国与22个"一带一路"沿线国家签署了双边本币互换协议，在8个"一带一路"沿线国家建立了人民币清算机制安排。根据中国银行2020年《人民币国际化白皮书》，2019年，"一带一路"沿线人民币使用仍以结算为主，57%的沿线国家客户使用跨境人民币产品是为了项目结算（见图5-1）。同时，对全球企业人民币跨境使用的调查显示，约有71%的受访"一带一路"沿线国家企业拟使用或提升使用跨境人民币结算的比例。而境外受访企业中拟提升人民币结算使用比例的企业占比约为69%，可见，"一带一路"沿线国家企业使用跨境人民币的意愿更强。

中国与"一带一路"沿线国家的贸易以及人民币结算量的不断增长，使得人民币在中国与"一带一路"沿线国家的经贸往来

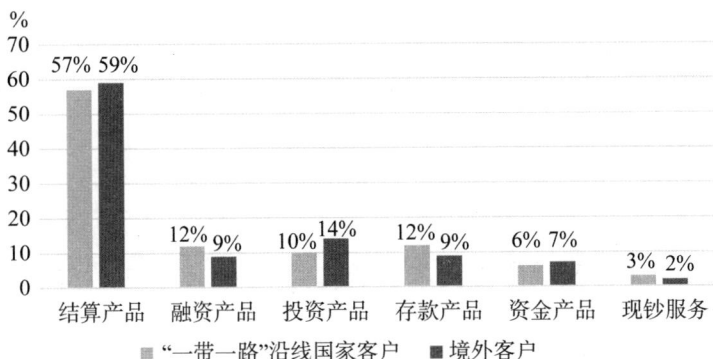

图 5-1　"一带一路"沿线国家客户与境外客户整体

使用跨境人民币产品的分布情况对比

数据来源：中国银行 2020 年《人民币国际化白皮书》。

中扮演着越来越重要的角色。根据中国海关的数据，2021 年中国与"一带一路"沿线国家的贸易总额达 17 954.25 亿美元，较 2020 年增长 32.6%，比 2021 年中国对外贸易整体增速高 2.6 个百分点。其中，中国对"一带一路"沿线国家出口 10 203.9 亿美元，同比增长 30.1%；中国从"一带一路"沿线国家进口 7 750.35 亿美元，同比增长 35.99%。与此同时，2021 年跨境人民币结算量超过 36 万亿元，同比增长 28.9%，其中货物贸易项下人民币跨境结算量达到 5.77 万亿元，同比增长 20.7%。

特别值得一提的是，近年来我国与东盟的经贸合作不断深化，联系日益密切。我国是多数东盟国家的第一大贸易伙伴和重要的投资来源国。2020 年我国与东盟间人民币跨境收付金额合计为 4.15 万亿元，同比增长 72.2%，占同期人民币跨境收付总额的 14.6%，较 2019 年提高 2.4 个百分点。其中货物贸易项

下人民币跨境收付金额合计为 7 458.98 亿元，同比增长
20.2%；直接投资项下人民币跨境收付金额合计为 4 250.99 亿
元，同比增长 70.8%。

(二)沪深交易所等资本市场支持"一带一路"的整体情况

近年来，资本市场不断丰富金融服务方式，加大对"一带
一路"建设的金融支持力度。截至 2019 年 11 月，交易所债券市
场新发行 6 只"一带一路"债券(含资产证券化产品)，募集资金
67 亿元。支持境内交易所深化与"一带一路"相关国家和地区资
本市场务实合作，深圳证券交易所(以下简称"深交所")与巴基
斯坦证券交易所(以下简称"巴交所")签署技术合作协议，积极
推进实现交易所首次商业化输出交易系统。同时，沪深交易所
也通过"一带一路"熊猫债和投融资对接服务，积极拓宽"一带
一路"市场的融资渠道。

1. 通过投融资服务平台为沿线国家的中小企业发展提供投融资服务

深交所创新创业投融资服务平台(V-Next，以下简称"平
台")是由深交所和中国科技部火炬中心共同发起，深交所全资
子公司深圳证券信息有限公司负责建设和运营的金融信息服务
平台，为企业在风险投资和并购市场方面提供全方位的服务，
尤其是为"一带一路"沿线国家的中小企业提供具有公信力的跨

境双向投融资服务。

自 2014 年启动以来,平台已实现全国省区市(包含港澳台地区)服务全覆盖,同时跨境服务网络已覆盖印度、马来西亚、以色列等 45 个国家和地区。截至 2020 年年末,平台已吸引超过 15 000 家创新和高科技企业及来自全球市场 8 600 多家投资机构(含上市公司)的 23 000 多名投资人。

2. 以债券产品为主导,为"一带一路"沿线国家提供融资服务

作为中国资本市场的重要基础设施,沪深交易所均在开展"一带一路"债券业务上进行了诸多探索。截至 2020 年 1 月,深交所已有 5 家公司发行 11 期熊猫债,累计金额达 210 亿元(见表 5-6 和表 5-7)。同时,深交所主办上市公司也积极参与"一带一路"项目建设。截至 2020 年,深交所主板 257 家上市公司参与"一带一路"建设,海外业务占比 23.7%,合计实现营收 3.2 万亿元。257 家公司涉及行业逐步从工程基建拓展至电子通信、化工、电气机械、医药等领域,主要参与方式为工程建设、设立制造基地、产品出口等。

表 5-6 深市熊猫债发行情况

序号	发行人	债券种类	发行单数	发行日期	期限(年)	发行金额(亿元)	发行利率(%)
1	创维数码控股有限公司	小公募	1	2017/09/12	5	20	5.36

序号	发行人	债券种类	发行单数	发行日期	期限（年）	发行金额（亿元）	发行利率（%）
2	深圳国际控股有限公司	小公募	2	2018/01/19	5	3	5.2
				2018/11/12	5	47	4.15
3	普洛斯中国控股有限公司	小公募	5	2018/02/07	9	12	5.65
				2018/04/04	9	40	5.45
				2018/04/27	9	15	5.09
				2018/07/16	9	20	5.2
				2019/03/14	9	33	4.35
4	招商局港口控股有限公司	小公募	1	2018/02/06	3	5	5.15
5	北控清洁能源集团有限公司	小公募	2	2018/11/26	3＋N	10	6.5
				2019/12/05	3	5	5.99

数据来源：深交所官网，截至 2020 年 1 月 31 日。

表 5-7 深市"一带一路"债券发行情况

序号	发行人	债券种类	发行单数	发行日期	期限（年）	发行金额（亿元）	发行利率（%）
1	恒逸石化股份有限公司	公募	1	2018/03/05	3	5	6.47
2	普洛斯洛华中国海外控股（香港）有限公司	公募	5	2018/02/07	9	12	5.65
				2018/04/04	9	40	5.45
				2018/04/27	9	15	5.09
				2018/07/16	9	20	5.2
				2019/03/14	9	33	4.35
3	招商局港口控股有限公司	公募	1	2018/02/06	3	5	5.15

数据来源：深交所官方网站（截至 2020 年 1 月 31 日）。

2018 年，沪深交易所均发布了《关于开展"一带一路"债券试点的通知》，明确"一带一路"沿线国家（地区）政府类机构在该所发行的政府债券，"一带一路"沿线国家（地区）的企业及金融机构在该所发行的公司债券，境内外企业在该所发行的、募集资金用于"一带一路"建设的公司债券等三类债券可以在沪深交易所募集资金，并用于投资、建设或运营"一带一路"项目，偿还"一带一路"项目形成的专项有息债务或开展"一带一路"沿线国家（地区）业务。

3. 加强金融基础设施建设等其他方面合作

2019 年 11 月，深交所与巴交所签署关于交易与监察系统升级项目的协议。根据协议，深交所将以自主研发的最新一代交易和监察系统为基础，结合巴基斯坦资本市场发展实际，升级巴交所现有交易系统并建设市场监察系统。新系统将显著提升巴交所安全运行能力、市场运行效率和风险防控水平，进一步增强巴交所所在的区域竞争力和影响力，为巴基斯坦资本市场发展和壮大奠定更加坚实的基础。同时，上交所也正在积极推进阿布扎比国际交易所筹备等相关工作。

2018 年，中国证监会组织了首届"一带一路"沿线国家资本市场研讨班。来自蒙古、俄罗斯、老挝、柬埔寨、泰国、马来西亚、孟加拉国 7 国的证券期货监管机构代表参加，分享相关市场监管经验和发展思路。同年 5 月，上交所和布达佩斯证券交易所在布达佩斯签署合作谅解备忘录，约定双方将在信息共享、人员交流、合作开发产品等方面进行合作。

上交所和"一带一路"沿线国家交易所还举办了多次合作论坛。2022 年 5 月 11 日，上交所与哈萨克斯坦阿斯塔纳国际金融中心（AIFC）、阿斯塔纳国际交易所（AIX）共同举办"上交所国际合作论坛——哈萨克斯坦新机遇"线上推介活动，向近 40 家市场主体的 70 余位代表介绍哈萨克斯坦市场的最新情况和业务机遇。

第六章 | 结论和政策启示

一、研究结论

资金融通一直是"一带一路"倡议的重要组成部分,也是我国与其他"一带一路"沿线国家进行全方面经济合作的基础。经过多年的摸索与实践,我国已经与"一带一路"沿线国家政府之间建立起比较紧密的金融合作网络,各方共同维护地区金融稳定,为民间金融合作提供政策保障。政策性银行、商业银行等中资金融机构陆续走出去,在"一带一路"沿线国家建立人民币清算行，并致力于为基础设施建设、产能合作等项目提供资金支持。亚洲基础设施银行、新开发银行等多边机构陆续成立，为开发性金融项目融资，同时也成为当前全球治理体系在"一带一路"沿线地区的良好补充。

尽管如此，我国与"一带一路"沿线国家的金融合作仍是不平衡、不充分的。不平衡体现为现有的金融合作集中在一些与中国存在密切经济往来的重点地区，如东南亚、中东欧等地区；不充分体现为金融合作仍滞后于基建、产能等其他领域的合作，因此成为制约地区经济合作的主要瓶颈。

随着"一带一路"经济合作的深入，地区间的金融合作需求正日趋旺盛，而供需之间的矛盾也愈发凸显。金融合作虽有利于提升总体经济福利，但从局部来看，合作双方不得不妥善解决短期所面临的风险和挑战。对于"一带一路"金融合作的问题，已有的文献大多在战略层面讨论中国与"一带一路"沿线国家金融合作的必要性及合作方式，而对"中国与'一带一路'沿线国家的经济和金融发展状况到底如何""究竟具有多少金融合作潜力""应该开展什么样的金融合作""应该如何应对金融合作过程中所面临的风险"这些关键问题却缺乏定量探讨和严谨的学理分析。

因而，本书深入挖掘了"一带一路"沿线国家宏观经济和金融市场的基本数据，分析了"一带一路"沿线国家的经济金融发展状况。研究发现，"一带一路"沿线国家大多为经济发展水平相对较低的中等收入国家，其中部分国家甚至陷入贫困陷阱或中等收入陷阱。这些国家的资源储量和增长驱动力各异，而区域性合作有助于各国优势互补，实现多赢。从金融发展水平来看，"一带一路"沿线国家的金融市场和金融机构发展水平参差不齐，部分东南亚、中东和欧洲国家已经具有比较成熟的金融市场。比如，新加坡拥有全球最为稳健的金融体系、完善的金融基础设施及高效透明的金融市场，而一些中亚和非洲国家的金融基础设施则非常落后，甚至国内融资只能通过落后的银行来完成，直接融资市场尚未形成。总的来说，"一带一路"沿线国家的金融发展程度较低，缺乏相应的金融市场和金融机构的支持，很多国家难以有效地组织投资和生产，这成为其经济发展的重要阻碍。

探寻经济数据背后的逻辑，我们发现受资源、区位或制度等因素制约，很多国家尚未找到合适的发展道路，这些国家的经济基本面比较脆弱，极易受到外部冲击的影响。以沙特阿拉伯、哈萨克斯坦等全球主要的能源出口国为例，这些国家主要依赖能源出口实现经济增长，净出口占国民生产总值的比重在20％左右，而能源出口占总出口的比重则超过60％。对这些国家而言，国际形势变动导致的能源价格调整会在很大程度上影响国内商品价格、就业、公共财政、金融市场价格等，进而对宏观经济的稳定性造成冲击。不管是面临资源红利还是"资源诅咒"，中东及中亚国家仍可依赖能源获得发展，而部分资源匮乏的"一带一路"沿线国家则没那么幸运，特别是地处内陆、交通闭塞、缺乏石油及其他矿产资源的国家。雪上加霜的是，这些经济发展水平相对落后的国家更易陷入国内政治动荡甚至战争，战争会进一步摧毁本就落后的基础设施，给经济社会和民生发展造成严重的损害。

"一带一路"沿线国家所遇到的这些发展问题很难通过一己之力化解，而来自外部世界的冲击也将成为严峻挑战。美国等西方发达国家掀起保护主义思潮，不断挑起贸易纷争，企图遏制一些发展中国家的良好发展势头。在外部势力的影响下，发展中国家阵营内部也政治动乱频发，俄乌冲突对欧洲乃至全球政治格局都将产生重大影响。面对不断增加的不确定性和美国等西方发达国家发起的逆经济全球化思潮，"一带一路"沿线国家更应该练好"内功"，坚定不移地推进国内各项改革，致力于维护稳定的国内政治经济环境，提升产业竞争力，在全球价值链中找到不可替代的位置。此外，"一带一路"沿线国家应该抱团取暖，积极参与和构建符合发展中国家特征的多边互助机制，积极参与国际治理体系改革。

二、政策建议

展望未来，在"一带一路"倡议的推动下，沿线国家和越来越多新加入的发展中国家应当积极调整经济结构，加强互助合作，并从如下几个方面改变全球经济版图和治理格局。

（一）以资源禀赋为基础，大力发展多元经济结构

"一带一路"沿线有不少国家是能源依赖型国家，比如沙特阿拉伯和哈萨克斯坦的能源出口占总出口的比重都超过 60%。能源是全球经济发展的命脉，石油资源是国际市场上不可替代的资源，这固然促进了中东、中亚地区国家的经济增长和繁荣，但也带来了重大隐患。一旦国际大宗商品价格出现波动，这些经济结构单一的国家就极易出现宏观经济波动。虽然通过设立主权财富基金或税收调节等方式可以在一定程度上缓解这种石油价格冲击，但这种缓冲只能应对短期的价格震荡。近年来全球经济复苏乏力、石油需求不振，因而国际油价长期处于低位，甚至低于很多石油输出国的石油开采成本价，这严重影响了产油国的宏观经济增长。对石油的过度依赖也使得一些主要产油国，包括伊朗、俄罗斯等在面对美国单方面制裁和"长臂管辖"

时缺乏招架之力，导致金融市场动荡、实体经济萎缩和人民生活水平的下滑。

从长期来看，这些以能源和资源为经济支柱的国家需要以"一带一路"合作为契机，打造多元的贸易和经济结构，积极开拓新的经济增长模式。一方面，这些国家可以逐渐拓宽贸易渠道，加强与"一带一路"沿线国家的贸易合作，摆脱对西方发达国家的绝对依赖；另一方面，通过资金和基础设施的互联互通，这些国家可以大力改善国内营商环境，培育经济增长新动能。在这方面，阿联酋特别是其第二大城市迪拜的经验很值得学习。在意识到油气资源的不可持续后，迪拜积极开拓新的增长模式，利用其极具优势的地理位置，大力提升营商环境，投入基础设施建设，开发全球最发达的航空港和深水港，从而连接欧洲、亚洲和非洲市场，成为全球货运、客运的重要中转站，并由此衍生出高度发达的配套服务业，成为名副其实的"沙漠明珠"。在培育和发展港口经济的同时，迪拜还推动放开资本账户管制，实行钉住美元的汇率制度，免除消费税和降低关税，这些都有利于促进外贸的发展，并有助于吸引来自全球的高端人才。当前，迪拜已经成为中东地区的经济和金融中心，其石油经济在整体经济中所占的比重降至很低的水平。依托已有的资源禀赋和地理条件积极开展基础设施建设，加强互联互通，从能源依赖型国家向多元化经济结构转型，迪拜提供了很好的范本。

(二)工业化国家经济转型，提升经济韧性和发展潜力

"一带一路"沿线国家中，有一部分特殊的群体地处欧亚大陆交界地区，在过去三十年内既经历了政治体制的变迁，也经历了经济和社会转型的阵痛，它们就是包括波兰、捷克、斯洛伐克、罗马尼亚在内的中东欧国家。受到历史渊源的影响，这些国家在欧盟相对边缘化，其中很多国家有自己独立的货币，而未加入欧元区。虽然不少国家已被世界银行划分为高收入国家，但这些国家的经济发展水平与西欧和北欧的发达国家相比还存在很大的差距。2019 年在 65 个"一带一路"沿线国家中，被划分为高收入水平的中东欧国家人均国民收入为 18 655 美元，经济发展水平最好的是斯洛文尼亚，其人均国民收入为 25 940 美元，该数值远低于高收入国家 44 612 美元的平均水平，与挪威（75 419 美元）、瑞士（81 989 美元）等经济发展水平较高的欧洲国家更是相距甚远。除这些高收入中东欧国家外，还有部分传统工业强国遭遇发展困境，经济增长停滞，人均国民收入停留在 10 000 美元以下的中高收入水平。

中东欧国家的国内经济规模往往较小，经济增长非常依赖国际市场需求。金融危机之后，国际需求萎缩，特别是欧洲市场需求不振，极大地制约了这些国家的经济增长。很多中东欧国家仍然以苏联时期所发展的传统工业为经济支柱，这些工业

主要集中在机械和电信设备、化工、汽车等行业。面临日益激烈的国际竞争，技术附加值较低、缺乏自主核心竞争力的产业很难在国际上站稳脚跟。欧洲市场需求的不足和来自海外市场的竞争挤压了行业利润，中东欧国家亟须通过结构转型来寻找新的经济增长点。产业升级是传统工业国家实现经济增长的必经之路，在发达国家和中低收入国家两头挤压的"三明治"格局下，中东欧国家必须加强研发投入，专攻具有自主知识产权和核心竞争力的产品，从而在技术变革日新月异的当下把握全球产业链中的关键位置，赢得主动权。

事实上，"一带一路"倡议的提出给中东欧国家带来了很好的发展机遇。这些国家占据了非常好的地理位置，位于亚欧板块交界处，以及丝绸之路通往欧洲的门户，可成为中国与中西欧国家沟通的桥梁。近年来，中欧班列开通并逐步增加货运班次，为中欧贸易注入新活力，也为中东欧经济的转型升级提供了新契机。中东欧国家一方面可在全球经济复苏的背景下，进一步巩固与主要欧洲国家之间的经济合作；另一方面也可将更多精力投入东方市场的开拓，加强与中国等其他"一带一路"国家在贸易、投资、金融等领域的合作。经贸和资金的融通以及科技领域合作有助于激发这些传统工业强国经济增长的新动能。比如，中国与斯洛文尼亚开展了汽车轮毂驱动电机高技术项目、轻型飞机等项目领域的合作；国家自然科学基金委员会与波兰国家科学中心签署了科技合作谅解备忘录，共同为中国和波兰科研人员的合作提供资金支持。

(三)"一带一路"合作推动亚洲经济一体化

亚洲国家是"一带一路"合作的主体，"一带一路"倡议也将进一步推动亚洲经济一体化进程。截至 2021 年，已有 171 个国家与中国政府签署了"一带一路"合作文件，其中大部分都是亚洲国家。随着中国影响力的提升，中国经济发展的成果也将惠及更多周边国家，并拉动亚洲经济的发展。在经贸领域，中国将成为更多亚洲国家的贸易伙伴国。在金融领域，来自中国的资金和技术将为东南亚、南亚、中亚等地区的基础设施建设做出重要贡献。中日韩与东盟十国之间已经建立了地区货币互换机制，并加强了对成员国经济和金融市场的监测，这有力地防范了地区金融风险。未来，类似的宏观稳定框架还将吸引更多的亚洲国家参与，帮助更多国家规避金融风险，实现经济的平稳可持续增长。

除了在"五通"方面的合作[①]，中国经济的转型升级也将给其他发展中国家带来新的发展机遇。随着劳动力成本的上升，中国的廉价劳动力优势正逐渐丧失。为了在国际市场上重获竞

---

① "一带一路"的"五通"合作指的是在政策沟通、设施联通、贸易畅通、资金融通、民心相通这五个方面的合作。

争力，中国正致力于发展高资本和科技附加值的产业，从而占据全球产业链的枢纽地位，由制造大国向制造强国迈进，而这为很多亚洲地区的中低收入国家带来了发展契机。一方面，柬埔寨、越南等劳动力成本相对低廉的国家可以承接一部分劳动力密集型产业，逐渐建立起现代工业体系，助力经济的起飞；另一方面，中国的技术和产能输出还可以帮助这些国家巩固交通、电力等基础设施建设。基础设施的互联互通能够帮助亚洲各国打破地域壁垒，从而降低经贸合作成本，促进亚洲经济一体化进程。亚洲国家的资源禀赋各异，中亚国家的石油和矿产资源丰富，东南亚和南亚国家拥有充沛的年轻劳动力，东亚国家拥有发达且开放的市场和旺盛的国内需求，这些不同经济禀赋使得多边合作充满潜力。在"一带一路"倡议的推动下，各国可以更好地互联互通并分享发展成果。经济发展相对落后的国家可以培育和发展新的增长点，经济相对发达的国家可以探索经济转型，并通过产业合作实现互利共赢，共同推动亚洲地区的发展和繁荣。

(四)深化"一带一路"投融资合作

在金融领域，"一带一路"沿线国家有较大的合作空间。我国是全球储蓄率最高的国家之一，有大量的官方和民间储蓄希望走出国门，寻找合适的投资机会，而其他"一带一路"沿线国家大致可分成两类：第一类是资金需求旺盛，急需外部资金投入来发展国内经济的国家，包括蒙古、印度尼西亚等国；第二类是国内资金相对充裕，不依赖外部资金的国家，包括捷克、匈牙利等国。与不同类型国家的金融合作应采用不同的方案，比如对于资金缺乏的国家，应谨慎评估投资回报与投资风险，若投资风险较低但长期回报率较高，则应在充分尊重市场化评估方案的基础上，开展大规模的人民币或美元投融资合作业务，从而实现双赢；但若投资的政治和经济风险较高，则应非常审慎地开展金融合作业务。对于国内资金相对充裕、外部依赖性较低的国家，若投资项目对中国而言具有吸引力，则应在使用一定货币风险对冲工具的前提下参与市场竞争，为这些国家提供优质的外币融资服务。

　　这些金融合作业务的开展必须有完备的制度安排，比如在投资项目的风险评估、标准制定方面，应遵循市场化原则，建立高效透明的决策机制，确保可持续的投融资支持。有效的金融合作还离不开开放成熟的国内资本市场。扩大资本市场高水平双向开放不仅有助于推动要素资源的全球化配置，同时也有助于资本市场自身的高质量发展。虽然从短期来看，金融市场的开放会对国内金融机构带来一定的竞争压力，也会造成更大的市场波动，但从长远来看，开放有助于学习借鉴国外先进管理经验和制度安排，从而提升国内金融机构的管理效率和专业能力，促进市场制度的不断完善。从另一个角度来看，开放是"一带一路"金融合作的内在要求。中国的金融机构要能为"一带一路"沿线国家的企业、居民提供丰富优质的金融产品。比如，随着人民币"走出去"，更多国内外企业以人民币作为贸易计价货币，这不仅需要一个稳定兼容的人民币跨境支付系统，而且需要相关金融支持提供的保障。境外企业不仅要能便利地实现人民币汇兑，而且所持有的人民币储备也需有丰富畅通的回流渠道，这是当前"一带一路"金融合作和人民币国际化所面临的主要瓶颈，也是未来进一步调整的方向。

(五)共建金融稳定框架，防范宏观金融风险

发展中国家经济基本面相对薄弱，金融体系的效率也远不及发达国家，因此相较于发达国家更易出现金融市场波动，而金融市场波动又会导致预期的变化和资本约束的收紧，进而影响实体经济的发展。除了内部经济问题所导致的波动，美国等发达国家的宏观经济政策变化也会对发展中国家的金融市场和经济发展形成较大的冲击。目前，国际上已经形成了一些金融稳定框架，帮助发展中国家在财政困难时渡过难关。比如，IMF 有一套成熟的危机应对机制，然而这套机制对危机国家提出了非常严苛的要求。在遇到经济危机时，这些国家必须进行相应的财政改革，并需要等待 2～3 周的审查，才能从 IMF 提

取应急贷款，这些严苛的要求使得危机的救助缺乏时效性，往往贻误了最佳的救助时机。

为了更好地应对金融危机，"一带一路"沿线国家可建立一套更适用于发展中国家的货币合作框架。对此，中日韩和东盟国家已经开始了尝试。在亚洲金融危机之后，意识到 IMF 危机救助机制的缺陷，东盟与中日韩共同签署了《清迈协议》，目的是在东南亚地区构建金融合作网络，形成 IMF 货币合作框架在东南亚地区的良好补充。根据协议内容，各国认领一定份额的储备金。如果任何一个成员国发生金融危机，都有权向这个稳定基金提出资金申请，利用应急资金渡过金融危机。这种区域金融合作相较 IMF 的合作机制更加灵活，且附带更少的条款，降低了对成员国财政金融政策等方面的约束性要求。除此之外，东南亚地区还成立了东盟与中日韩宏观经济研究办公室，该机构除了推进《清迈协议》的运作，还负责监测区域宏观经济表现，为经济发展水平较低的国家提供技术咨询，帮助受困国家脱离经济和金融困境。

在东南亚地区开展的金融合作尝试很值得向更多"一带一路"沿线国家推广。金融危机的传染往往是跨区域的，比如大宗商品价格的波动可能引发亚洲、非洲等不同地区"一带一路"沿线国家的经济和金融危机，而美国货币政策的调整也会改变投资者对不同地区发展中国家的投资预期，进而导致国际金融资本在发达国家和发展中国家之间的趋势性调整。通过将一些非洲、拉美和亚洲国家纳入金融合作框架，一个更广泛的跨区金融合作网络将得以形成，这个金融互助机制将充分考虑发展中国家多样化的经济结构和发展模式，可以在发展中国家面临金融动荡时，提供比 IMF 更加适时有效的应急安排，同时避免强制的制度输出。此外，这种金融稳定框架还可以在经济稳定期间对各成员国的宏观经济和金融市场运行状况进行常规监测，与各国宏观经济政策制定者进行沟通并予以技术咨询，对潜在风险信号进行及时的预警。

参考文献 |

[1]廖泽芳，李婷，程云洁. 中国与"一带一路"沿线国家贸易畅通障碍及潜力分析[J]. 上海经济研究，2017(1).

[2]邹嘉龄. 中国与"一带一路"沿线国家贸易格局及其经济贡献[J]. 地理科学进展，2015(5).

[3]桑百川. 拓展我国与"一带一路"国家的贸易关系：基于竞争性与互补性研究[J]. 经济问题，2015(8).

[4]刘伟，刘宸希. "一带一路"视角下我国与东南亚国家的贸易结构互补分析[J]. 统计与决策，2021(4).

[5]姜安印，刘晓伟. "一带一路"背景下我国西北五省(区)产业结构协同测度及发展研究[J]. 新疆社会科学，2017(3).

[6]谢婷婷，郭艳芳. "一带一路"视域下我国省域经济开放度提升的实证研究：基于空间面板模型的分析[J]. 华东经济管

理，2016(4).

[7]易诚. 进一步加强与"一带一路"国家的金融合作[J]. 甘肃金融，2014(4).

[8]陈明宝，陈平. 国际公共产品供给视角下"一带一路"的合作机制构建[J]. 广东社会科学，2015(5).

[9]杨柳. "一带一路"金融合作需要提升的四个方面[J]. 银行家，2016(3).

[10]何文彬. 中国—中亚金融合作的动力基础与路径设计[J]. 技术经济与管理研究，2017(8).

[11]巴曙松，王志峰. "一带一路"沿线经济金融环境与我国银行业的国际化发展战略[J]. 兰州大学学报(社会科学版)，2015(5).

[12]暨佩娟，孟祥麟，庄雪雅，等. 中资银行加快海外布局[N]. 人民日报，2016-03-30.

[13]郭建军. 独立以来新加坡外向型经济的发展：全球化与区域化视角[D]. 云南大学博士论文，2012.

[14]张震宇. 新加坡经济金融发展对我们的启示[J]. 浙江金融，1995(9).

[15]王玉，李伟，李欣亮. 越南与新加坡证券监管体制分析[J]. 合作经济与科技，2010(16).

[16]陈菁泉，米军. 俄罗斯证券市场监管制度变迁及启示[J]. 俄罗斯中亚东欧研究，2010(6).

［17］徐向梅. 俄罗斯股票市场结构与制度变迁［J］. 广东金融学院学报，2004(5).

［18］陈明. 印度证券市场走向成熟［J］. 决策与信息（财经观察），2007(7).

［19］HAMADA K A. Strategic analysis of monetary interdependence［J］. Journal of political economy，1976，84(4).

［20］HAMADA O K. The political economy of international monetary interdependence［M］. Cambridge：MIT Press，1985.

［21］ROGOFF K. Can international monetary policy cooperation be counterproductive? ［J］. Journal of international economics，1985，18(3).

［22］OUDIZ G，SACHS J. International policy coordination in dynamic macroeconomic Models［M］. Social science electronic Publishing，1984.

［23］OBSTFELD M，ROGOFF K. Exchange rate dynamics redux［J］. Journal of political economy，1995，103(3).

［24］OBSTFELD M，ROGOFF K. Global Implications of Self-Oriented National Monetary Rules［J］. Quarterly journal of economics，2002，117(2).

［25］DEVEREUX，M B，ENgel C. Monetary policy in the open economy revisited：price setting and exchange-rate flexibility［J］. The review of economic studies，2003，70(4).

［26］CORSETTI G，PESENTI P. Welfare and macroeconomic interdependence［J］. Quarterly journal of economics，2001，116(2).

［27］MUNDELL R. A theory of optimum currency areas［J］. American economic review，1961，51(4).

［28］MCKINNON R I. Optimum currency areas［J］. American economic review，1963，53(4).

［29］KENEN P B. The theory of optimum currency areas：an eclectic view. In Essays in international economics［J］. Princeton University Press，2019.

［30］HABERLER G. The International monetary system：some recent developments and discussions，in Approaches to greater flexibility of exchange rates［J］. Halm. Princeton University Press，1970.

［31］FLEMING M J. On exchange rate unification［J］. Economic journal，1971，vol. 81.

［32］TOWER E，WILLETT T D. The concept of optimum currency areas and the choice between fixed and flexible exchange rates，in Approaches to greater flexibility of exchange rates：The Bürgenstock Papers，Princeton University Press，1970.

图书在版编目(CIP)数据

"一带一路"金融合作/吴舒钰,聂晶,潘庆中著. —北京:北京师范大学出版社,2023.3

(高质量共建"一带一路"丛书)

ISBN 978-7-303-28853-3

Ⅰ.①一… Ⅱ.①吴… ②聂… ③潘… Ⅲ.①国际金融—国际合作—研究 Ⅳ.①F831.6

中国国家版本馆 CIP 数据核字(2023)第 029273 号

营 销 中 心 电 话 010-58805385
北 京 师 范 大 学 出 版 社   http://xueda.bnup.com
主题出版与重大项目策划部

YIDAIYILU JINRONG HEZUO

出版发行:北京师范大学出版社 www.bnup.com
　　　　　北京市西城区新街口外大街 12-3 号
　　　　　邮政编码:100088
印　　刷:北京盛通印刷股份有限公司
经　　销:全国新华书店
开　　本:710mm×1000mm 1/16
印　　张:12.75
字　　数:140 千字
版　　次:2023 年 3 月第 1 版
印　　次:2023 年 3 月第 1 次印刷
定　　价:78.00 元

策划编辑:祁传华　　　　　责任编辑:钱君陶
美术编辑:王齐云　　　　　装帧设计:王齐云
责任校对:陈　民　　　　　责任印制:赵　龙